発達障害のある子の
保育の手だて

■保育園・幼稚園・家庭の実践から■

佐藤 曉・小西淳子 著

岩崎学術出版社

まえがき

「5歳の子なんですけど，人の話が聞けないし，思い通りにならないとひどいかんしゃくを起こすんですよ。どうしたらいいですか」。こんな訴えを，保育園や幼稚園ではよく耳にする。保育者が困っているのだという。

気持ちはよく分かる。しかし，それはあくまでこちらの都合である。反対に，子どもの言い分はどうなのだろうか。

端的に答えよう。困っているのは，子どもの方なのだ。私たちが困っているとき，子どもはその何倍も困っている，いや困り果てているのである。あんなにいっぺんにいろいろなことを話されても，頭に入らない。それでも自分なりに周囲の状況を読み取って，どうにかこうにか振る舞う。にもかかわらず，しばしばそれでは違うのだと制止される。当然，子どもは混乱する。しかも，そんなに苦しいのだということを，うまく言えないのだ。

だとすれば，保育者がすべきことは明らかである。子どもが困らないように，かかわり方を変えるしかないのである。

とはいえ，それがなかなか難しい。工夫しなさいといわれても，そうそういいアイディアが浮かぶわけではない。

それで，この本を書こうと思った。子どもが抱く「困り感」を軽減し，穏やかな園生活を保障するためのヒント集である。

セールスポイントを，二つあげておこう。

一つは，使いやすく実用的な本であること。ページをめくっていただ

ければお分かりのとおり，保育園や幼稚園の実践を，たくさんの写真やエピソードとともに掲載した。どれも，その効果について筆者らが吟味を重ねてきたものであり，学術的な裏打ちもなされている。

　もう一つは，現場における保育の機微を大切にしたことである。単に保育のテクニックをまとめるということでなしに，子どもと保育者とのあいだの息づかいが読者に伝わるよう，できる限りの努力をした。

　それから，本の構成に関して一言。章ごとに内容が完結しているので，どの章から読み始めていただいてもけっこうである。もちろん，必要なところだけを拾い読みしてくださってもいい。

　以上が，本の紹介である。

　残りのスペースで，いくつか書き加えさせてほしい。

　本書に盛り込まれている実践は，そのほとんどが著者らのオリジナルである。ただし，ところどころ，現場の仲間，さらには保護者の方々の実践を使わせていただいた。この場をお借りして厚くお礼申し上げたい。なお，本文中のエピソードは，プライバシーが特定されないよう，大幅に脚色し，名前もすべて仮名にしてある。

　最後になったが，この本の出版は，川崎医療福祉大学の佐々木正美先生のご推薦によって実現した。改めて，感謝の意を表したい。また，編集を担当してくださった唐沢礼子さんには，企画から仕上げまでたいへんお世話になった。おかげさまで，とてもいい本ができたと自負している。

2007年5月

　　　　　　　　　　　　　　　　　　　　　　　　　佐藤曉　小西淳子

目 次

まえがき 3

第1章 子どもの見方 9

I 発達障害とは 10

1. なぜ自閉症・アスペルガー症候群，AD/HD，LDか 10
2. 自閉症・アスペルガー症候群，AD/HD，ＬＤとは 11
3. 三つの障害の関連 12
4. 発達障害の原因 13

II 「困り感」の理解 14

1. まずは子どもの理解から 14
2. 障害の改善は図れない 15
3. 「困り感」へのアプローチ 15
4. 「困り感」に気づく 16
5. 発達障害のある子に特有の「困り感」 17

第2章 個別的な保育の手だて（1）活動の意味を伝える 21

I 混沌とした世界に意味を与える 22

1. 子どもの身になってみたら 22
2. 安心して過ごせるスペースを作る 22
3. 手がかりを与える 24

II エスケープできる場所を用意する 26

1. エスケープのスペースをつくる 26
2. 「周りの子どもへの説明」という前に 28

III 一連の行動を教えるためのポイント 29

1. 子どもにつけたい力を決めることから 29
2. 三つのステップ 29

Ⅳ 支援例　31

　1．朝の支度　31
　2．好きな活動を選んで遊ぶ　33
　3．次の活動への移行　35
　4．歩　く　36
　5．部屋の移動　37
　6．制　作　40
　7．トイレ　41
　8．給　食　43

第3章　個別的な保育の手だて（2）見通しと向かう先を示す　47

Ⅰ　スケジュールは何のために教えるのか　48

　1．目標は，子どもがひとりで動けるようにすること　48
　2．スケジュールで何を伝えるか　49

Ⅱ　スケジュールを導入する際の留意点　50

　1．カードをつくる前に　50

Ⅲ　いよいよスケジュールを導入する　53

　1．まずはカードを「見る」ことから　53
　2．カードは特別なものではない　54
　3．子どもに伝わるカードを作る　56

Ⅳ　スケジュールを発展させる　57

　1．時間の推移を教える　57
　2．1コマから2コマへ　58
　3．コマを増やす，その前に　59
　4．活動のすき間を埋める　61
　5．携帯スケジュールに発展させる　63

第4章　個別的な保育の手だて（3）人とかかわる力をつける　67

Ⅰ　「要求」を伝えやすくするために　68

　1．コミュニケーションと「要求」　68
　2．教えたいことは，まず要求　69
　3．「要求」を教える　71

Ⅱ 「期待」が伝わりにくい子どもへの手だて　75
　1．分かっていないからできない　75
　2．何をどのようにしたらいいかを伝える　75
　3．「期待」を伝える　77
　4．「してはいけない」という「期待」を伝える手だて　79

第5章　集団における保育の手だて（1）小集団保育の実践　83

Ⅰ 小集団保育の実際（1）発達障害のある子どものグループ　84
　1．形　態　84
　2．実　践　85

Ⅱ 小集団保育の実際（2）定型発達の子どもたちを交えて　89
　1．形　態　89
　2．実　践　90

Ⅲ 小集団保育のねらい　93
　1．安心感を与える　93
　2．保育者との信頼関係を培う　93
　3．活動の単位と時間の推移を教える　94
　4．他者と折り合うシナリオを作る　94
　5．子ども同士がかかわる媒介をつくる　97

第6章　集団における保育の手だて（2）クラスでできる保育の手だて　99

Ⅰ 発達障害のある子どもが育つクラスをつくる　100
　1．個への配慮の基本　100
　2．クラス経営の基本　102

Ⅱ 支援の具体例　106
　1．朝や帰りの集い　106
　2．給食前後の活動から　110
　3．「時間」を教える　114
　4．好きな遊びをする　117
　5．制作活動　120
　6．行事への参加　120

第7章　保護者への支援　129
Ⅰ　保護者支援の基本　130
1．親の苦労　130
2．保護者を悲しませないで　131

Ⅱ　保護者とともに子どもを育てる　135
1．相互参画　135
2．子育てへの参画　135
3．保育への参画　146

Ⅲ　理解の得られにくい保護者への支援　151
1．うまくいかない原因を，保護者の子育てに求めてはいけない　151
2．支援のポイント　152
3．専門機関　153

第8章　保幼‐小連携の実践　155
Ⅰ　連携のいとぐち——子どもが学校に行って困らないように　156
1．付き人支援　156
2．学校にあがって困るのは子ども　157

Ⅱ　学校にあがるまでにしておきたいこと　157
1．人とのかかわりの基盤を培う　158
2．思春期を視野に入れて基本的な生活習慣を養う　158
3．生活には枠組みがあることを教える　160
4．行動障害を回避する　161

Ⅲ　連携の実践　162
1．連携を実現させるために　162
2．連携の実際　162
3．地域連携——中学校区の支援　166

●本文イラスト／竹下秀司

第1章
子どもの見方

　第1章は，発達障害のある子どもの理解がテーマである。
　はじめに，発達障害とはどのようなものなのか，そのあらましを紹介する。
　続いて，保育者（保育士・幼稚園教諭等）が，発達障害のある子どもを預かったときに，子どもの行動をどうとらえていったらいいのか，すなわち「子どもの見方」を，具体例を交えて解説したい。
　その際，ポイントになるのは，子どもの「困り感」に気づいてあげることである。保育者にできるのは，障害そのものを改善することではなく，障害によって引き起こされる子どもの「困り感」を軽減してあげることなのである。

＊「困り感」は雑誌，その他の商品について，学研が商標登録しています。

I 発達障害とは

保育にかかわる本題に入る前に，この本で話題にするいくつかの障害について，簡単に説明しておこう。

1．なぜ自閉症・アスペルガー症候群，AD／HD，LDか

本書では，ここ何年かよく耳にする，自閉症・アスペルガー症候群，AD／HD（attention deficit / hyperactivity disorder:注意欠陥／多動性障害），LD（learning disorders:学習障害）といった障害を中心に取り上げた。これらはいずれも，発達の途上で子どもにさまざまなトラブルが現れる「発達障害」と呼ばれるものである。

「発達障害」という概念は，学術的にはもう少し広く，よく知られている知的障害や脳性まひなどもここに含まれる。今回，数ある「発達障害」のなかで，自閉症・アスペルガー症候群，AD／HD，LDをピックアップしたのには，三つ理由がある。

一つは，何といっても，現場のニーズが高いこと。他の障害と比較して，相対的に数が多いということもあるが，もちろんそれだけではない。この子たちの多くが，ごく一般的な保育環境になじめず，しばしば保育者が手をこまねいているという現実があるのだ。

二つめは，これらの障害が，知らない人にはたいへん分かりにくいという事情である。この子たちのふるまいは，とりあえず障害の特性だけでも知っておけば，なにひとつ不可解なことはない。ところが，知識のない人からは，「この子は，なんであんなことをするのだろうか」と，しばしば奇異の目で見られてしまうのである。

そして三つめ。自閉症・アスペルガー症候群，AD／HD，LDの子どもたちを理解し，保育の方法を知ることが，知的障害をはじめとした，他の障害のある子どもの保育にも直接役立つということである。この子たちの保育技法は，応用範囲がとても広いのだ。

2．自閉症・アスペルガー症候群，AD／HD，LDとは

ところで，自閉症・アスペルガー症候群，AD／HD，LDとは，どのような障害なのだろうか。まずは，それぞれの障害特性をざっとスケッチしてみよう。

1）自閉症・アスペルガー症候群

自閉症とは，ことばを使うこと，周囲の人の振る舞いやものごとの意味を理解すること，そしてコミュニケーションをとることの障害である。このような問題はいずれも，他者との共感的なやりとりが欠如していることに端を発していると考えられている。

知的機能は，高い子どもから低い子どもまで広く分布している。知的機能が高い場合，「高機能自閉症」と呼ばれることがある。

一方，アスペルガー症候群とは，自閉症と同様の特性をもちつつ，知的発達とことばの発達に遅れがないものをいう。

なお，「広汎性発達障害（PDD:pervasive developmental disorder）」という用語は，自閉症やアスペルガー症候群などを包括した概念として使われている。

2）AD／HD（注意欠陥／多動性障害）

気が散りやすく，落ち着きがない。子どもによっては，衝動性が高い場合もある。とくに幼少時期には，自閉症と同様，コミュニケーション

が不得手な子どもも少なくないが、AD／HDの子どもでは、人との共感的なかかわりはよく保たれている。

知的機能は、高い子どもからそうでない子どもまでさまざまである。

3）LD（学習障害）

学習障害とは、全般的には知的機能の低下が認められないにもかかわらず、読んだり、書いたり、計算したりといった機能の一部が極端に落ち込んでいる状態をさす。本格的な学習活動が開始されていない就学前の時期では、ふだんの生活で問題が顕在化することは少ない。

3．三つの障害の関連

このように、自閉症・アスペルガー症候群、AD／HD、LDといった障害には、それぞれに特徴的な臨床像があり、診断基準や定義も別個に作成されている。

その一方で、1人の子どもに複数の特性、たとえば自閉症とAD／HDの両方が認められることも多々ある。ある病院でAD／HDとかLDとか診断を受けた子どもが、別の病院では、自閉症と診断されることだってある。どちらの病院も、誤った見立てをしているわけではなく、その子には、いずれの診断基準もあてはまってしまうということなのである。

また、障害の診断は、基本的に、子どもの行動をチェックすることによってなされるため、専門家であっても、診る人によって多少のズレが生じる。それに加え、子どもの行動は、環境や年齢によって変化することが多く、「いつ、だれが見ても、これで間違いない」といった確定的な診断はくだしにくい。

図1-1は、以上のような事情を踏まえ、自閉症・アスペルガー症候群、AD／HD、LDそれぞれの関連を図示したものである。本書で「発

達障害」と表記した場合，実線の内部，すなわち自閉症・アスペルガー症候群，AD／HD，LDそれぞれの和集合を指すものだと考えてほしい。

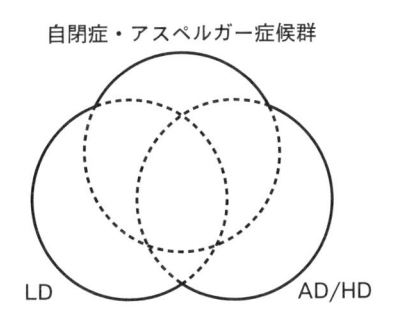

図1-1　連続体としての発達障害

本書では，実線の内側，すなわち三つの集合の和集合を「発達障害」ということにする。

4．発達障害の原因

　発達障害の原因は，脳の一部の機能障害だと考えられている。
　それゆえ，発達障害のある子たちの問題を，わがままだとか，気難しいなどといった一般論で語るのはたいへん危険である。まして，「心の闇を抱えている」などという言い方は，まったく的はずれなのである。
　発達障害のある子どもは，言語，認知，記憶といった領域に問題を抱えている。しかも，それが脳の機能不全を原因として引き起こされているのだとすれば，この子たちは，周囲のものの見え方が，私たちとだいぶ違っている可能性が高いのである。

Ⅱ 「困り感」の理解

1．まずは子どもの理解から

　子どもの理解は，保育の「いろは」である。とりわけ，子どもに障害がある場合はなおさらである。
　理由は，二つある。
　一つは，何より，本人たちがそれを求めているということである。「ぼく／私たちのことをもっと分かってほしかった」「下手な支援をしてもらうより，分かってもらうことの方がはるかにありがたかった」，おおかたこんな趣旨のことを，成人した発達障害のある人たちが語ってくれるのだ。
　もちろん，こんな否定的なことばかりではなく，楽しかったことや大好きだった先生の話もたくさんある。しかし，現在ほど発達障害に関する知識が浸透していなかった時代に育ってきたこの青年たちは，周囲の無理解にずいぶん苦労してきたのだと，今更ながら思う。
　もう一つは，長期にわたって適切な保育を持続させるためである。専門家に手だてを教えてもらっても，次々と問題が出てきてしまうのは，子どもの理解に欠けたまま表面的にやり方だけを知ろうとしているからである。その子にどういった障害があって，どんなことでつまずきやすいのかをきちんと学んだ上で保育をしないと，当座はしのげても，すぐにうまくいかなくなってしまう。毎日，しかも長時間子どもを預かる保育園や幼稚園では，「持続的な保育」ができる力量が求められる。そのための理解なのだ。

2．障害の改善は図れない

　私たちが「障害」ということばを使うときには，二つの意味をもたせている。一つには，脳の機能障害といった「生理的な障害」であり，一つには，前節で紹介したような「障害の特性」，すなわち診断や定義に書かれている内容である。

　繰り返しになるが，「特性」というのは，たとえば自閉症の子どもの場合，他者との共感的なやりとりが欠如していることをはじめ，言語の使用，認知，コミュニケーションなどの問題，さらには社会性の未熟さといったことがらである。AD／HDならば，注意散漫，多動，衝動性であるし，LDの場合，読み書きそして計算といった機能の問題である。

　ところで，今あげた「生理的な障害」と「障害の特性」のうち，前者は，治療が困難だと多くの人が考えると思う。それに対して，「障害の特性」のほうは，それ自体が改善可能なように思えるかもしれない。

　しかし，言うまでもなく「特性」というのは，「生理的な障害」あっての「特性」である。「生理的な障害」を取り除くことができない以上，「特性」も，そうたやすく改善することはできないのである。実際，自閉症の子どもの共感性やコミュニケーションの問題，AD／HDの子どもの注意散漫や衝動性，そしてLDの子どもの読字困難などは，それ自体の改善がとても難しい。

3．「困り感」へのアプローチ

　そういってしまったら，もともこもないではないかと言われそうだが，そうではないのだ。だからこそ，保育の仕事が必要なのである。

　言うまでもなく，保育の仕事は，「障害」を改善することではない。だとすれば，保育者が理解しておかなくてはならないことは，単に「障

害」とか,「障害の特性」とかとは別のところにある。

　それはつまり,子どもの「困り感」である。「困り感」とは,「困っているのは親も教師もだが,そんなときにいちばん困っているのは子どもなのだ」という発想から,筆者が本の題名で使ったことばである（佐藤, 2004, 2006, 2007, 表1-1）。

　保育者の仕事は,「障害」によって引き起こされる子どもの「困り感」を,少しでもへらしてあげることである。「障害」は治せなくても,「困り感」は軽減できる。

表1-1　困り感の定義（佐藤, 2007）

> 「困り感」の定義
> 　「困り感」とは,嫌な思いや苦しい思いをしながらも,それを自分だけではうまく解決できず,どうしてよいか分からない状態にあるときに,本人自身が抱く感覚である。なお,そのような状態にあっても本人にはその感覚が希薄である場合や,また現在は問題が生じていなくても将来そういった状態に陥ることが十分予想される場合もあるが,本人への教育的支援という観点から,これらの場合にも「困り感」があると判断することが望ましい。

4.「困り感」に気づく

　となると,保育者がまずすべきことは,毎日の生活の中で,子どもがどんな場面でどんなことに困っているのかに気づいてあげることなのだ。子どもは,困っていることをうまく伝えられないからである。

エピソード

　ぼく,できないんだもん

　5歳児のクラスでドッジボールがはやっていた。海斗くんは,み

> んなといっしょにしたいのだが、ひとりだけ違う動きをしてしまうことがある。
> 　その日、線を越えてボールを取りに行った。「海ちゃん、入ったらだめ」と注意されたのが気に入らず、その子を叩いた。担任に止められた海斗くんは、「もう、知らん」とふくれたまま、園庭の隅にうずくまってしまった。
> 　頃合いを見計らって担任は、「大丈夫？」と声をかけた。「だって、ドッジボール家で練習できないもん」、そう話す海斗くんは、さっきとうってかわって、とても悲しそうな表情をしていた。気を取り直させるために、「じゃあ、先生といっしょに練習しよう」と誘ってみた。ところがその答は、「だって、投げられないもん」だった。
> 　海斗くんは、みんなと同じようにボールを飛ばしてみたかったのだ。それには、練習が必要なことも分かっていた。ボールが自分のところに来るたびに、「今度こそ、うまく投げたい」という思いで、あの場に臨んでいたのだろう。

5．発達障害のある子に特有の「困り感」

　「困り感」は実際、だれもが抱くものである。財布を落として困ったとか、電車に乗り遅れて困ったとか。発達障害のある子どもの「困り感」というのは、ふだん私たちが抱く「困り感」と、困っているという点では同じである。

　しかし、この子たちは、発達障害があるゆえに、思わぬ場面で「困り感」を抱いている。また、この子たちの不適応の背景には、必ずなんらかの「困り感」があるのだ。

　発達障害のある子どもを理解するというのは、この子たちに特有の

「困り感」を知ることなのだ。以下，よくある「困り感」の事例を挙げてみよう。

事例1　気が散ってしかたない

　4歳の崇くんは，1年ほど前に，AD／HDの診断を受けた。たいへん人なつこい子なのだが，なにせよく動く。親も保育者も，彼に振り回わされている。

　いったい彼の目には，周囲の世界がどう映っているのか。そんなことを考えながら，崇くんの動きに寄り添ってみた。

　一言でいうなら，それは断片的な画像が10秒ごとに入れ替わる世界だった。そのとき目に入ったものに反応し，10秒すると次のものに反応してしまう。そうしようと，この子が意図しているわけではなく，周りの刺激に翻弄されているといったようすなのだ。振り回わされて困っているのは，周りの大人ではなく，実は子どもの方だったのだ。

　これでは，人が話しかけても最後まで聞けないし，カードを見せても目に入らないわけだ。

　崇くんのような子どもには，もうちょっと刺激の少ないスペースを用意してあげなくてはいけない。

事例2　段取りが悪くて苦労する

　高機能自閉症とAD／HDの診断がある翔太くん。幼稚園の4歳児である。

　おひるの準備をする時間，その日は机ふきの当番だった。ほめてあげると，はりきってしてくれる。

　みんなの机を拭き終え，今度は自分の支度だ。お弁当箱を取りに行って座る。少しして，周りの子どもがランチョンマットを敷いているのに気づき，自分のものを取りに行く。担任からは，「翔太くん，手は洗っ

た？」ときかれ，あわてて洗いに行く。戻ってきて再び座るや，今度はコップが出ていないことに気づいてまた立ち上がる。

　段取りを考えて行動するのが，とても苦手な翔太くんだった。周りを見ながらなんとかついていっているけれど，本人なりにずいぶん苦労しているのだろう。

　そんな話を担任にしたところ，次の日さっそく，翔太くんの手元に手順表を用意してくれた。

事例3　話を聞いても分からない

　年長クラスになった麻衣さんは，半年ほど前にアスペルガー症候群と診断された。

　今日の制作活動は，「あじさいを作ろう」だ。担任は，子どもたちに，詳しく手順を伝えていた。麻衣さんは，少し気が散りながらも，最後まで席について話を聞いていた。

　説明を終えると担任は，「では，前に材料を取りに来てください」と呼びかけた。周りの子たちは，さっと立ち上がった。

　しかし，麻衣さんは，なぜみんなが席を立ったのかが分からない様子だった。しばらくして，子どもたちが並んでいる列に加わったものの，きょとんとしたままだった。

　彼女にしてみれば，一生懸命先生の話を聞いてはいたのだが，どうやら何の話をしているのか分かっていなかったのだ。発達障害のある子は，ふだんからよくおしゃべりをする子どもであっても，相手の話が意外と聞き取れていないのである。

　周りからは分かっていると思われているので，ふつうに話しかけられる。しかし，実はよく理解できていない。そんな「困り感」を，この子たちは抱えている。

事例4　新しいクラスは不安だらけ

　新しいクラスになって，はじめての誕生会である。高機能自閉症と診断されている真希ちゃんが，急に涙を流し始めた。どうやら，去年までの誕生会と微妙にやり方が違っていたのが理由らしい。

　クラス担任は，主任の保育士にその場を頼んで，真希ちゃんに寄り添った。そして，誕生会の内容を分かりやすくボードに書いて知らせた。誕生会では，真希ちゃんが楽しみにしているゲームが用意されていること，それが何番目にできるのかをていねいに説明してあげたのだ。

　しかし，その日あたりを境に，真希ちゃんはクラスに入りにくくなった。前年度はクラスでほとんど活動していたのにである。

　おそらく，誕生会だけでなく，いろいろな場面でクラスの動きが変わっていたのだろう。新しいクラスになり，担任が替わると，保育のやり方も違ってしまう。周りの子どもたちは，ほどなく新しい環境に適応していくのだが，真希ちゃんのような子は，そう簡単にいかないのだ。

　このようなことを回避するために，担任が交替する移行期には，できるだけ保育の枠組みを変えないようにしたい。

　当番活動やグループは，前の担任のときと同じものにする。座る場所や，1日の流れも変えない。

　1カ月ほどして，どの子も担任やクラスに馴染んできたころに，少しずつ新しい枠組みや活動を取り入れる。そんな配慮をしてもらえたら，発達障害のある子どもは安心だ。

文献
佐藤曉（2004）発達障害のある子の困り感に寄り添う支援，学習研究社
佐藤曉（2006）見て分かる，困り感に寄り添う支援の実際，学習研究社
佐藤曉（2007）自閉症児の困り感に寄り添う支援，学習研究社

第2章
個別的な保育の手だて（1）
活動の意味を伝える

　第2章から第4章までは，個別的な保育の手だてについて，詳しく解説する。

　第2章では，空間に意味を与える，平たく言えば，保育園や幼稚園のスペースでなされている活動の意味を，子どもに分かりやすく伝えるための手だてを紹介する。

　発達障害のある子どもは，思いのほか，周囲の状況が把握できていない。朝の集いにしても，設定保育の場にしても，周りで何が行われていて，自分に何をすることが期待されているのかが，分かっているようで，実はあまりよく理解できていないのである。

　支援に着手するにあたって，まずは，ふだんの活動場面ですぐに使える手だてをいくつか取り上げよう。

I　混沌とした世界に意味を与える

1．子どもの身になってみたら

　アスペルガー症候群と診断された3歳の子どもが，はじめて保育園にやってきた日のことを思い浮かべてみてほしい。
　生活の大半を，家庭の限られたスペースで過ごしてきたこの子にとって，保育園というところは，異郷のようなところなのかもしれない。広くて，騒々しい保育室。トイレにはたくさんの便器が並び，調理室からは異様なにおいがしている。しかも，お集まりをしましょう，座ってお話を聞きましょうと，次々にわけの分からないことばが浴びせられる。子どもは，困惑しきっているのだ。
　さて，そんなこの子に，私たちは何をしてあげたらいいのだろうか。ひとことでいえばそれは，保育園というのがどんなところなのか子どもに伝えることである。アセスメントより何より，まずは子どもを安心させてあげたいのだ。

2．安心して過ごせるスペースを作る

　とりあえず着手したいのは，決まった場所に子どもの好きなコーナーを作ってあげることである。子どもからすれば，「毎日，ここに来れば，これで遊べる」という空間があると安心する（写真2-1①②）。

第 2 章 個別的な保育の手だて（1）

写真2-1① 常設の遊びコーナー
ままごとスペースである。

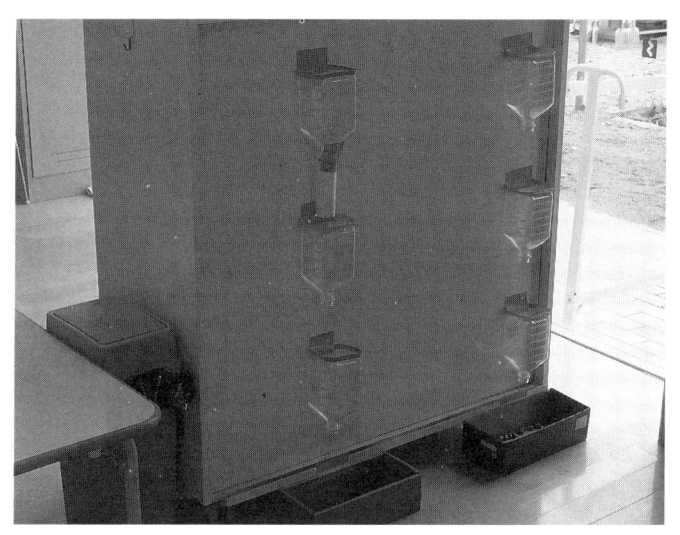

写真2-1② 常設の遊びコーナー
ここに来れば、いつもの遊びができる。

発達障害のある子どもは，同じスペースが多目的に使われると混乱しやすい。保育園や幼稚園の保育室では，朝の集いをしたり，制作をしたり，そして給食を食べたりと，毎日さまざまな活動が展開される。それでもたいていの子どもがついていけるのは，そこで行われている活動の意味が分かっているからである。
　ところが，それが分からない発達障害のある子どもは，周りの子どもたちが立ったり座ったり，そして机やイスを運んできたりするのを見て，ただ唖然としているのだ。
　安易に，「そのうち慣れる」と思わないでほしい。活動の意味を理解するのにとても時間のかかるのが，発達障害のある子どもたちである。だから，せめて分かるようになるまでの間，少しでも安心して過ごせるスペースを用意してあげたい。そうでないと，子どもは，混乱するために園に来るようなものなのだ。

3．手がかりを与える

1）話しことばだけに頼らないでほしい

　とはいえ，発達障害のある子は，周囲の状況を理解しようと，けなげにがんばっている。そんなこの子たちには，園の生活がどのような仕組みになっているのかを，一つひとつ教えていきたい。
　その際，「どうしたら分かるよう伝えられるか」が問題になる。いうまでもなく，ことばで説明するだけで分かってくれるのなら，とりたてて手だてを工夫する必要はない。しかし，この子たちにとって，保育者が話しかけることばは，外国語のようなものなのだ。「いやいや，私が受け持っている子どもはそんなことはない」と思うかもしれない。ほんとうにそうならよいのだが，ただ，分かっていないことがいくらかでもあるのだとしたら，やはり何らかの手だては打ってあげたい。

2）ことば以外の手だてを試してみる

　ところで，分かっているかどうかを確かめるのにはどうするか。答は，簡単である。別の手段を試してみたらいい。こんなふうにしてみたら，子どもがもっとよく分かってくれたという方法が見つかったなら，前のやり方ではあまり伝わっていなかったことになる。それだけのことであ

写真2-2①　視覚支援
座るのを嫌がる2歳の子どものために，絵をイスに貼った。これだけで，座れるようになった。「ここが，あなたの場所ですよ」ということを伝えたのである。

写真2-2②　視覚支援
うがいのしかたを，絵で示した。

る。

　写真2-2①②で示したのは，最近よく見かける「視覚支援」と呼ばれる手だてである。たくさんの話しことばで説明するよりも，一目瞭然の「視覚支援」のほうがはるかに分かりやすい。

　私たちも，耳から入ってくることばの手がかりが十分に使えないときには，見て分かるサインがないか懸命に探す。海外の空港で，頼りになるのは，出発ゲートの案内掲示板である。

Ⅱ　エスケープできる場所を用意する

1．エスケープのスペースをつくる

　周りが騒がしくて，保育室にいるのがしんどくなってしまう子ども。いっしょに楽しみたいのだけれどうまくかかわれず，遊びの輪からはずれてしまう子ども。

　こんな子たちには，ちょっとした逃げ場を作ってあげたい。保育園や幼稚園では，個別支援の部屋を設けることが難しいのだが，それに替わるスペースをどこかに確保してあげられないだろうか。保育室の片隅や廊下のコーナーなどを利用すれば，子どもが落ち着けて，かつ担任がかかわってあげられやすい空間を作ることができる。

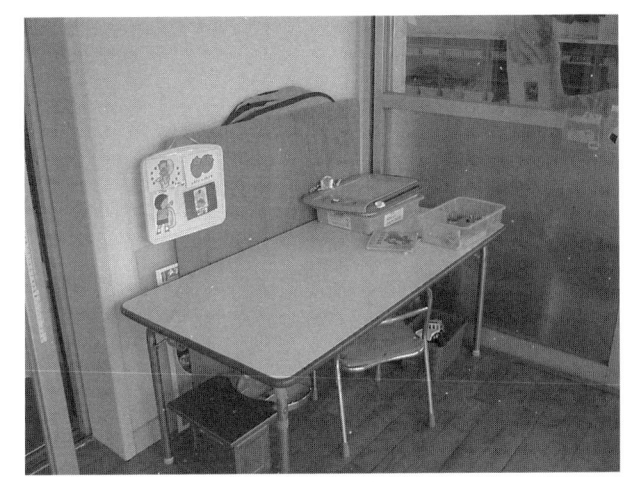

写真2-3 エスケープできる場所をつくる
周りで何が行われているのかが分からずに過ごす時間は，ひどいストレスになる。廊下のコーナーに，避難スペースを用意した。

　なお，その際しばしば耳にするのが，こうした手だてが「特別扱い」にならないかと心配する声である。いうまでもないが，これは，発達障害のある子どもに必要な「当然の配慮」であるという認識をもってほしい。
　ただし，保育者が「当然の配慮」と思ってすることも，親にとってはなかなか受け入れられないということがある。このような手だてをとる場合，保護者とは事前によく話をしておきたい。「特別扱いはやめてほしい」と保護者が訴えている限り，せっかくの支援も，保護者との関係を悪くするだけになってしまうからだ。

> **実践の息づかい**
>
> ### 邪魔をされない空間
>
> 　空き部屋を，上手に利用しよう。どの子も静かな場所で過ごしたいときがある。
> 　「先生，わくわくルームで遊んでいい？」と聞いてくる子。あとでのぞいてみると，ひとりで黙々と絵を描いている。みんなが色水遊びをしているときに，「ここでしていい？」とテラスの空間を指さす子。このテラスは風通しがよく，夏場にしばしば利用していた。「どうぞ」と答えると，「2人がいい」と言って友達を1人呼んできた。
> 　活動の場を保育室内に限定せず，周りから邪魔をされない空間を作ってあげることで救われる子どもも少なくない。

2．「周りの子どもへの説明」という前に

　このようなスペースを作ると，「周りの子どもにどう説明したらいいか」という質問を受けることがある。

　子どもたちは，素朴に，「なんで，○○ちゃんはあそこにいるの」と尋ねてくるかもしれない。そういうときには，誠実に答えてあげることが大切だ。話の内容は，半分も理解できないかもしれない。しかし，保育者がそうやって向き合ってくれることで，たいていの子どもは納得する。

　それでも，たとえば「私もあそこで遊びたい」という子どもがいたらどうするか。答えはこうだ。そういう子どもにも，そのようなスペース

が必要なのである。ならば，作ってあげたらいい。

　また，ことわりなくそのスペースに入ってしまう子どもには，そこには行かないでほしいということをやさしく説明してあげたい。そこで何がしたいのかを尋ね，したいことを別の場所でできるようにしてあげてもいい。きちんと伝えれば，必ず分かってもらえる。

Ⅲ　一連の行動を教えるためのポイント

1．子どもにつけたい力を決めることから

　発達障害のある子を受け持ったときには，子どもにどんな力をつけたいのかをはっきりと意識して保育をしてほしい。させたいことが決まれば，手だてはおのずと見つかるものである。

　とはいえ，いきなり「集団に入れるようにする」とか「お友だちとなかよく遊べるようにする」といったことを子どもに求めても，うまくいくはずがない。まずは，生活のどの部分に焦点をあて，そこでどんなことを身につけさせるのかを決める。さらに，それをどうかみ砕いて教えたらできるようになるのか，また，どんな工夫をしたらその子に保育者の期待が伝わるのか。そんなことを，一つひとつ考えていくのだ。

2．三つのステップ

　今の話を，三つのステップに分けて，具体的に解説しよう（図2-1）。

1．ターゲットを決める
2．成功するためのスモールステップを組む（課題を設定する）
3．課題を伝える手だてを工夫する

図2-1　支援の手続き3ステップ

1）ターゲットを決める

1日の生活場面を順に思い浮かべ，まずはどこから着手するかを決める。ターゲットをしぼるのである。一度にたくさんのことをしようとすると，子どもにも保育者にも負担がかかる。

しばしばターゲットとして取り上げられるのは，朝のしたく，外遊びから帰ったときの手洗いとうがい，給食の準備，ひるね前の着替えなどである。

2）成功するためのスモールステップを組む（課題を設定する）

ターゲットが決まったら，今度は子どもの力に応じてスモールステップを組む。これだけ細かくすれば子どもが確実にできるようになるという，「成功するためのスモールステップ」である。

その一つひとつは，教育や保育のことばでいえば，「課題」と呼ばれるものである。「課題」とは，子どもが，「ぼく／私は，これをすればいいんだ」ということが分かる，「保育の最小単位」である。なお，ターゲットとして取り上げた行動を，子どもの力にあった「課題」に細分化することを，「課題分析」ということもある。

保育の成否は，「子どもに合わせた課題設定」がいかにできるかにかかっている。子どもがうまく動けないのは，その子に適切な「課題」がないからである。

3）課題を伝える手だてを工夫する

さらに大切なのは，「課題」を子どもに伝える工夫である。先ほど紹介した「視覚支援」を，上手に活用してほしい。

また，「課題」を伝える場では，どうしても名人芸的な保育者の技，あるいは保育の機微といったものが欠かせない。この点についても，本書ではところどころで触れていきたいと思う。

IV 支援例

ここからは，代表的なターゲットをいくつか選び，支援例を示していきたい。

なお，解説にあたって，明確な課題分析ができる場合は，課題分析例を示した。子どもによっては，課題をさらに細分化したり，反対に，できるようになったら複数の課題を一つにまとめたりする。

また，一続きの課題分析はなじまないにしても，要所要所での課題設定が必要である場合は，ポイントになる課題例を示した。

1．朝の支度

登園し，持ち物の整理をして外遊びに出るまでの課題分析をしてみよう。指示をされなくても自分で動けるよう，一人ひとりに合わせて手順表を作ってもよい。

〈課題分析例〉
課題1　かばんから出席ノートを取り出し，今日の日付のところにシー

ルを貼る

　手だての工夫　モデルを示して，どこにシールを貼ったらいいかを伝える（**写真2-4**）。

写真2-4　シールを貼る位置を示す
朝のヴァイタルチェックをすませると，子どもたちは出席ノートにシールを貼る。日付が分からない子どものために，出席ノートをカラーコピーし，貼る場所を示した。

課題2　上靴に履き替える

　手だての工夫　靴箱のところに，その子のマークをつけておく。

課題3　所定の場所に移動して，かばんをかごに入れる

　手だての工夫　動線を短くするため，保育室入り口のコップ掛けの近くにかごを置く（**写真2-5**）。

写真2-5 保育室の入口にかばんを置くかごを用意する
かばんを入れるロッカーが保育室の奥の方にあると，動線が長くなり，作業がはかどりにくい。すぐ横には，コップ掛けがある。

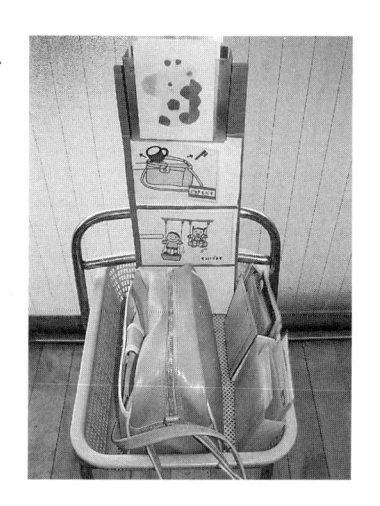

課題4　かばんからコップと歯ブラシを取り出して，所定の位置に掛ける
　手だての工夫　コップを掛ける場所に，その子のマークをつけておく。

2．好きな活動を選んで遊ぶ

　かたづけがすんで，そのまま外に遊び出かけてもいいのだが，その前に，今日は何をして遊ぶのかということを，子どもといっしょに決めておくのも一つの方法である。というのも，発達障害のある子どもたちは，「何をしてもいい」という時間帯が思いのほか苦手だからである。
　あらかじめ遊びの内容を決めて，「遊びのシナリオ」をつくっておいた方が安心する子どももいる。

〈課題分析例〉
課題1　「遊びのメニューボード」から，好きな遊びのカードを選ぶ
　写真カードを貼ったボードを用意する（**写真2-6**）。

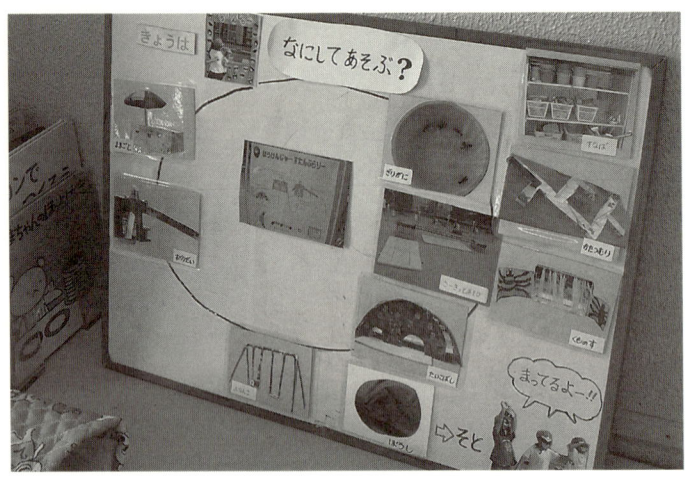

写真2-6　遊びのメニューボード
好きな遊びをチョイスする。

課題2　カードを持って，選んだ遊びのコーナーまで歩く

　手だての工夫　衝動的に別の場所に行ってしまう子どもの場合は，手をつなぐ。歩いている途中，カードを見せながら遊びの話をするのもいい。目的の場所までまっすぐたどり着けるようになったら，手をつながずに歩く練習をする。

課題3　持っていったカードを，遊びのコーナーに設置したカードポケットに入れる

　手だての工夫　遊びのコーナーに，カードポケットを設置しておく。

課題4　好きな遊びを始める

　手だての工夫　遊びのコーナーには，子どもが好む玩具や教材を準備しておく（第3章62ページ参照）。

まずは、課題1─4のように、遊びに入るまでの手順を決め、一つひとつ定着させる。はじめのうちは、これだけできれば合格である。ひとしきり遊んだら、あとは子どもの動きについていくということでよいだろう。

3．次の活動への移行

次の活動への切り換えができない子どもには、「部屋に戻ると、あなたの好きなこんな活動があるよ」といったように、次に展開されるシナリオを示すといい。

〈課題分析例〉
課題1　遊びをやめてかたづけをする
手だての工夫　「今している活動を終わりにするためには、次のシナリオを示す」というのが、発達障害のある子を支援するセオリーである。「かたづけましょう、終わりにしましょう」と繰り返し唱えても、次のシナリオは見えてこない。

もちろん、「こんな活動」というのも、ことばだけは伝わらないことがある。ビデオが好きな子どもなら、ビデオのパッケージを見せる。お気に入りの絵本があれば、表紙のコピーあるいは実物を手にしながら、「お部屋でこれを読むよ」と言ってあげたい。

このような手だてをとっても、なかなか遊びから離れられない子どもがいる。そういうときは遊びに区切りがつくのを待って、タイミングよく部屋ですることを伝えてみる。遊びに夢中になっているときは、周りで何を言われても耳に入らないからである。また、好きな遊びをする前に、何時まで遊べて、かたづけの時間はいつなのかを伝えておくのもいいだろう。

課題2　部屋に戻って帽子をかごに入れ，水道のところに行く

　手だての工夫　帽子を入れるかごを水道の近くに用意し，「帽子をかごに入れる→手を洗う」の動線を短くする（**写真2-7**）。はじめのうちは，子どもの傍らについて，一連の動作をていねいに教える。毎日繰り返し，最終的には，指示をされなくてもひとりでできるようにする。

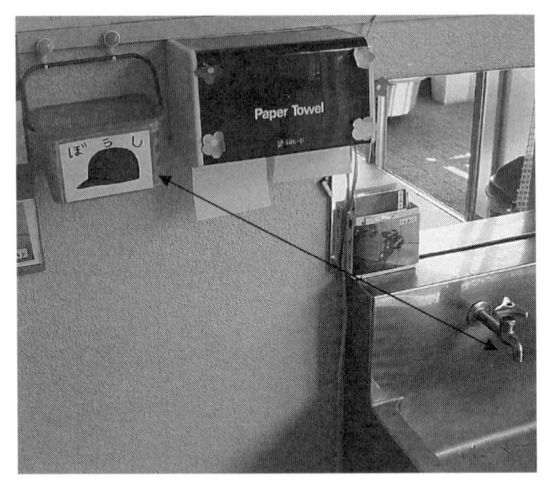

写真2-7　動線を短くする
外遊びから帰ったら，①帽子をかごに入れる，②手を洗う。動線が短くなるように，かごを水道の近くに置いた。

課題3　細く水を出して手を洗う

　手だての工夫　水遊びを始めないようにするためには，「保育園／幼稚園では，10数えたら水はおしまいにする」というルールを，入園当初から入れておくといい。水の出し方や手のふき方なども，同様である。

4．歩　く

　毎日の保育で意外と大切なのが，「歩く」課題である。公園へ散歩に出かけたり，公民館に人形劇を見に行ったりと，練習の機会はいくらで

もある。

　スーパーに買い物に行くときに，親といっしょに歩けない子どもはたくさんいる。また，周りの子どもに合わせて歩く習慣が身についていない子は，学校にあがってから，通学班などで思わぬトラブルになる。

　さて，その「歩く」課題だが，たとえば散歩の場合，行き帰りのすべてを課題分析するのは困難だとしても，いくつかポイントをしぼり，「ここでは，こういう練習をさせる」ということを決めておくといい。

〈課題分析例〉
課題1　途中で座り込んだときに，立ち上がって歩く
　手だての工夫　無理矢理立たせない。本人が立ち上がるタイミングをとらえてそっと手を引く。
　また，同じコースで練習を重ね，目的地まで歩けばいつもの楽しい活動ができるということをしっかり印象づけるのも大切である。座り込んでいる子どもは，行った先で何が行われるのかがイメージできていないのである。

課題2　「ここは行かない」という指示が聞けるようにする
　手だての工夫　たとえば自動販売機や，民家の庭先にある遊具に反応してしまう場合，「ここは行きません」ということを強く教える。ただし，毎回ひどいパニックになるようなら，ルートを変更したほうがいい。

5．部屋の移動

　園内の移動場面。保育者に誘導される子どもの姿がある。集まりがあるといっては抱っこされ，給食の前になると手を引かれ。入園して間もないころならともかく，半年たってもこの状態ではまずい。

周りの子どもたちは,自分たちで動いているのである。にもかかわらず,発達障害のある子どもの場合,手を引いていく,あるいは周りの子どもたちが連れて行くということがあたりまえになっていないだろうか。それは,配慮でも支援でもない。

大切なのは,必要なときにひとりで移動できるようになることなのだ。

〈課題分析例〉

課題1　移動先でする活動をイメージする

手だての工夫　まずは,①好きなこと(たとえば絵本を読む)をする場所,または②すでに定着している活動(たとえば着替え,午睡など)をする場所への移動から練習を始める。

絵本コーナーへの移動を例に挙げてみよう。ふつう保育者は,「絵本を読みにいきましょう」とことばで伝える。周りの子どもたちは,それを聞いて,絵本のコーナーをイメージする。

ところが,発達障害のある子どものなかには,そう言われても,それが絵本を見に行くことと結びつかない子がいる。

そのようなときによく使うのが,行き先を示したカードである。指示を出すときに,ことばで伝えるとともに,絵本コーナーの写真カードを見せてみるのだ。写真をスケッチブックに貼ってもいいだろう。それだけで,子どもはぴんとくる。

課題2　カードを持って目的地まで移動する

移動の途中で,周りのものが目に入ると,そこで立ち止まってしまう子がいる。しかも,寄り道をしているうちに,移動先を,あるいは移動しているということ自体を忘れてしまう。発達障害のある子どもは,そういうことがよくあるようなのだ。

こういうときは,行き先を示したカードを手に持って移動させ,それ

写真2-8　絵本コーナーのカードポケット
もってきたカードをここに入れる。

写真2-9　保育室のカードポケット
ホールのような場所は，多目的に使われる。何のためにその部屋に移動するのかを伝えるために，カードポケットを活動ごとに区別した。

を移動先のカードポケット（**写真2-8，9**）に入れさせるという方法もある。

　なお，行く先で行われる活動がはじめてすることだったり，活動の内容が子どもに分かりにくかったりすると，カードに書いても子どもには伝わらない。たとえば，はじめて発表会を経験する子どもに「はっぴょうかいのれんしゅうをします。ホールにあつまります」と書いたところ

で,「発表会」の意味も,「練習」が何であるかも分からないのである。「発達障害のある子どもは, 視覚優位だからカードに書けば分かる」と短絡的に考えないでほしい。経験したことのない活動は, 書いてもイメージできないのである。

このような場合, 必要なことは, まず移動先でする活動を定着させることである。移動の練習は, それができてからだ。

6．制　作

制作活動を支援するコツは,「いま何を, どれだけして, 終わったらどうするか」という一連の作業の流れが分かるように, 材料や道具の配置に工夫を加えることである。「ワークシステム」を組むといった言い方をすることもある。給食後の片づけは, 発達障害のある子どもも比較的すぐに覚えられるものだが, それは, 食器を順に戻すという, ちょっとした「ワークシステム」がそこにできているからである。

鬼のお面を作る例で説明しよう。

保育室では, テーブルを二つつなげ, そこに4人の子どもが座っている。テーブルの真ん中には, 2センチ四方くらいにちぎった, 青, 赤, 緑3色の色紙が, 色別に山にしてある。子どもの手元には, 目のところがくり抜かれた食品用のトレーとのり, そしてのり付け用のちらしが配られている。

子どもたちは, 保育者の説明を聞き終えると, 好みの色を選んで, トレーにのり付けし始める。1枚ずつ山からとって貼る子どももいれば, 手元に何枚か取り寄せて作業をする子もいる。

さてそんな場面, なかなか作業に着手できずに,「先生, 何するの？」と尋ねてくる子どもがいる。説明を聞いてもぴんとこない子どもには, 次のような手だてが考えられる。

〈課題分析例〉

　課題1　手元に置いた小箱に，ちぎった色紙を3枚取り分けてもらい，それをトレーに貼る

　手だての工夫　小箱を子どもの左側に用意し，中央にのり付け用のチラシとのり，そして右側にトレーを置く。小箱には，さしあたって今貼る分だけ(ここでは3枚)の色紙を入れる。貼る位置には，油性ペンで小さなマークを付けてあげる。色紙の裏にのりを付けるのが不得手な子には，トレーのマークのところに，少量ののりを付けるように指示してもいいだろう。

　課題2　小箱の3枚がなくなったら，保育者に知らせる

　手だての工夫　はじめのうちは，貼り終わった頃を見計らって，子どもの近くに行ってあげるようにする。

　課題3　再び小箱に色紙を取り分けてもらい，作業を続ける

　手だての工夫　「今度は何枚にする？」と尋ねながら，次に貼る枚数を子どもと相談する。一度に貼る量を少しずつ増やし，保育者の手を借りなくてもひとりでできるようにする。

　これだけである。箱の中の色紙を貼り（いま何を），箱の中身がなくなったら（どれだけして），先生を呼ぶ（終ったらどうするか）という手順を，子どもに示すのである。

7．トイレ

　トイレに行くときには，保育者に知らせる習慣をつけたい。

〈課題分析例〉

課題1　トイレに行きたいときは口頭で告げる，または「トイレにいってきますカード」を示す

　手だての工夫　カードを利用する場合，見やすい場所にカードを置き，トイレに行きたいときには，カードを担任にもってくるよう促す。

　特別なことではない。どの子にも，トイレに行くときは，「先生，おしっこ」などと告げてから保育室を出るよう教えているはずだ。同じことを，ことばの話せない子には，カードを使って練習させるだけなのである（**写真2-10**）。

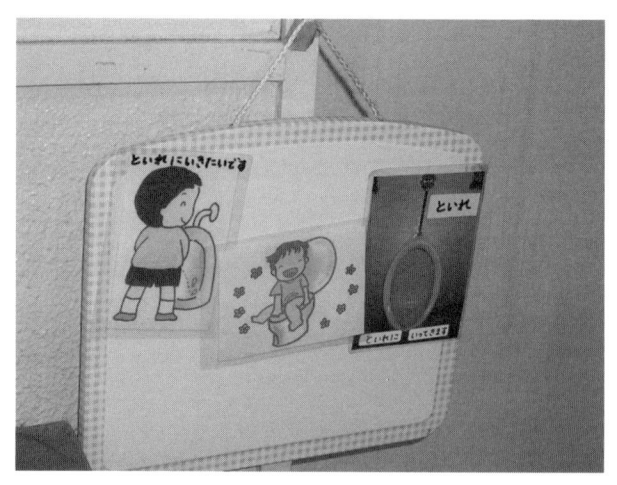

写真2-10　トイレにいってきますカード
トイレに行くときは，カードを保育者に渡す。

課題2　移動にカードが必要な子どもの場合，カードをもってトイレに移動し，カードポケットにカードを入れる

　手だての工夫　トイレの入り口にカードポケットを用意する。

　ところで，保育園や幼稚園のトイレで排泄をすることをかたくなに拒む子どもがいる。がまんし続ける子どもには，ともかく便器に向かわせ

ることが大切である。トイレの指導には,「おしっこは,ここでするもの」といった,保育者の強い姿勢が必要なことがある。一度成功してしまえば,あとは,行けなかったときのことがうそのようにうまくいくものである。

8. 給　食

　給食の準備も,動線を短くするのがポイントである。また,「いただきます」を待つ練習も,給食指導には欠かせない。

〈課題分析例〉
課題1　かばんからお弁当箱とコップを取り出して机の上に置く
　手だての工夫　動線を短くして,動く範囲を狭める(**写真2-11**)。

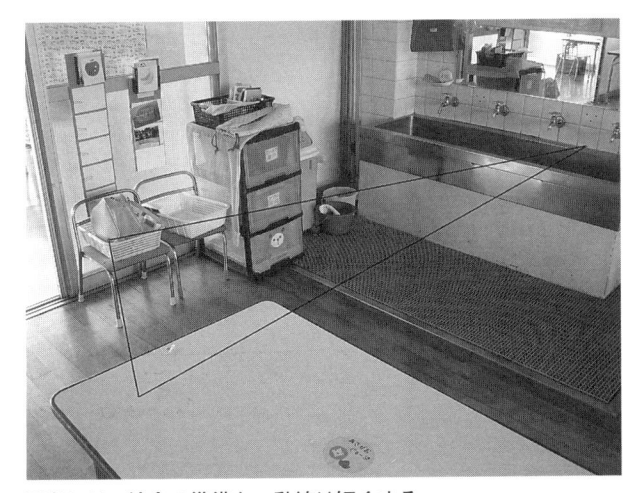

写真2-11　給食の準備も,動線は短くする
座席に近いところにかばんを置き,かばんとテーブルとを結ぶ動線を短くした。水道と座席も近い。

課題2　手を洗う

手だての工夫　水道の近くに，座席を用意する。

課題3　席について「いただきます」を待つ

　手だての工夫　待てない子どもには，保育者が横につく。待つ時間が長いときには，準備を始めるのを遅らせ，待ち時間を短縮する。

　また，まだ食べてはいけないということを伝えるためには，逆に，どうしたら食べられるのかを教えたい。先生がいただきますのカードを出してくれたら食べられるということを繰り返し教えることによって，「待てば必ず食べられる」ことを知らせるのである（図2-2）。カードの意味が分かり始めたら，今度は，カードを出すまでの時間を徐々に延ばしていこう。

図2-2　いただきますカード
「先生がカードを出してくれたら食べられる」ということを教える。はじめは，待ち時間30秒くらいから練習する。

課題4　「おかわり」と「へらしてください」を伝える

　この他によく使うツールとしては，「おかわりチケット」がある。また，苦手な食べ物の量を少なくしてもらうための「へらしてくださいカード」も，偏食の強い子どもにはありがたい。

　「おかわりチケット」は，おかわりができるメニューのチケットを用

意し，器が空になる頃を見計らって所定の場所に提示する。はじめは，おやつの時間を使って練習すると分かりやすいかもしれない。

　一方，「へらしてくださいカード」は，食べる前に保育者に示すことによって，量を調整してもらうために使う。

エピソード

食べるのを待たせる手だて

　給食を前にすると，すぐに食べ始めてしまう翔真くん。隣の子の給食にまで，手を出すことがあった。

　翔真くんに「待つ」ことを教えたかった担任は，「いただきますカード」を用意した。給食が並ぶと，隣について30秒待たせた。そのあと，「いただきますカード」を出し，それが食べていいサインであることを教えた。これを毎日繰り返した。

　1カ月ほどして，「いただきますカード」が出たら食べられるということが分かってきたところで，待つ時間を少し長くした。春から始めて4カ月，翔真くんは，短時間ならば，保育士がそばにいなくても食べるのを待てるようになった。

　食事を待つことができれば，家族との外食の機会も増やせる。小さいうちに，どうしても教えておきたい行動の一つである。

第3章
個別的な保育の手だて（2）
見通しと向かう先を示す

　第2章で述べたように，はじめて園にやってきた子どもには，まず，「保育園／幼稚園は，こんなことをするところなのですよ」と，保育園／幼稚園の仕組みを教えてあげたい。

　これに加えて，「保育園／幼稚園では，今日1日，こんなことがあるのですよ」と，1日の見通しを伝えてあげられたら，子どもはもっと安心する。

　とはいえ，それをどう伝えるか。もちろん，口頭で理解できるのならそれでいい。しかし，発達障害のある子どもの多くは，それでは伝わらないのだ。

　そこで必要とされるのが，スケジュールである。第3章では，①スケジュールは何のために教えるのか，②スケジュールを導入するときの留意点は何か，③スケジュールを発展させるときのポイントは何か，といった観点から，スケジュール指導について詳しく解説していきたい。

Ⅰ　スケジュールは何のために教えるのか

1．目標は，子どもがひとりで動けるようにすること

　まずは，スケジュール指導の初歩，というよりその一歩手前のところから話を始めることにしよう。

　そもそもスケジュールは，それを見て子どもがひとりで動けるようにするためにある。

　よく，「スケジュールがなくても，この子は大丈夫です」という話を耳にする。しかし，詳しく聞いてみると，支援者がずっとつきっきりなのである。正確に言えば，それは，「誰かがついていれば大丈夫」ということなのである。

　いうまでもなく，これでは子どものためにならない。手取り足取りの，いわば「付き人支援」ではうまくいかないのである。「ついていればできる」「声かけすればできる」というのでは，いつまでたっても自分で動けるようにならない（第8章156ページ参照）。

　子どもにとって必要なことは，「人がついていなくても，ひとりで動けるようにすること」である。なぜなら，周りの子どもたちは，声をかけられなくても，そのつど自分で判断して行動しているからだ。

　「付き人支援」は，支援でもケアでもない。子どもを自立させるために，ついていなくてもできるようになる手だてを考えたい。スケジュールを教えるのは，その第一歩である。

2. スケジュールで何を伝えるか

1）必要な情報を伝えるためのスケジュール

意表をつく言い方かもしれないが，スケジュールは，保育者や園の都合を子どもに伝えるために使ってはいけない。そうではなくて，子どもが必要とすることを伝えるのがスケジュールである。

はじめてスケジュールを作るときにもっとも大切なことは，その子がいまいちばん求めている情報は何なのかということに想像力を働かせることである。

たとえば，入園して間もない子どもにとって，何より大きな不安は親と離れることである。その際，子どもにとってもっともほしい情報は，「ママがいつ迎えに来てくれるか」である。

図3-1は，給食の後のスケジュールである。「着替えをして→お昼寝をしたら→ママ」ということを知らせた。

図3-1 ママはいつ迎えに来てくれる？
はじめての午睡。パジャマに着替えるようにとことばをかけると，とても不安がった。スケジュールボードに，①きがえ，②おひるね，③ままと描いたカードを貼った。大好きなママがいつ来るのかが分かると，納得して着替えることができる。

2）楽しみを伝える，そして信頼関係を深める

もう一つのポイントは，スケジュールが子どもに楽しみを伝えるためにあるということだ。とりわけ，スケジュールの導入期では，この点がとても大切である。

子どもが登園したときに，「先生，今日は何するの？」と尋ねながら，まっさきにスケジュールボードを見に来る。そんなスケジュールを作っ

てあげたいのである。そのためには，何より，「見たらいいことがある」「楽しいことが書いてある」スケジュールでないといけない。

写真3-1　楽しみを伝えるスケジュール
子どもが楽しみにしていることを書いたスケジュール。朝来て，スケジュールを見るのが楽しみだ。

そうすればおのずと，子どもとの信頼関係は深まる。子どもは，「いつも楽しいことを準備して待っていてくれる先生」が大好きになる。「発達障害のある子どもには，スケジュールを教えなくてはならない」と，身構えないでほしい。スケジュールを使うことで，子どもとの絆を強める，はじめはそんなふうな感覚で取り組んでもいいかもしれない。

II　スケジュールを導入する際の留意点

1．カードをつくる前に

1）カードに書く活動をつくる

スケジュールを作る前にしておきたいことがある。それは，子どもが楽しいと思える活動を用意することだ。

　入園してほどない子ども。登園後の「自由遊び」の時間に，何をするということもなく，園庭を歩きまわっている。こんなとき，子どもを救うのは，いつもしている楽しい活動である。そんなエピソードを一つ紹介しよう。

> **エピソード**
>
> ### 安心できるプレイ
>
> 　登園後の自由遊びである。好きな遊びができる時間なのだが，優希くんは，何をしていいか戸惑うばかりの時間だった。保育者が「遊ぼうか？」と誘っても，首を振る日が続いていた。
>
> 　そんな優希くんに，保育者は「プレイ」と名付けた小集団の保育を用意した。自由遊びの時間を早めに切り上げて，彼を「プレイ」に誘った。
>
> 　「プレイ」は，障害のある子どもを含めた，4〜5人から10数人程度を単位としたグループ活動である。毎日30－40分の活動が組まれていて，そこには，一人ひとりの子どもが楽しめるメニューがたくさん盛り込まれている（詳しくは，第5章）。はじめは見ているだけの優希くんだったが，2〜3日たつと，それは楽しそうにプレイに参加するようになった。
>
> 　入園から1カ月ほどしたある日のこと，自由遊びのさなかに，優希くんはぼそっとつぶやいた。「なんだか……プレイがしたくなっちゃったなあ」と。この子の目の前に，「プレイ」の場面が浮かんだのだろう。

2）いつもの活動を繰り返す

　この子たちが園生活に少しでも早く適応できるようにするために，1日の中で，部分的にでも決まった保育の流れを作りたい。

> **エピソード**
>
> 　　　　いつもの活動
>
> 　冬の朝，3歳児クラスでは，ここ数日，マラソンのあとに，みんなで「はないちもんめ」をしている。はじめは，中に入れない子どもが2〜3人いた。何度か誘ってみたものの，遠くから眺めているだけだった。
>
> 　保育者は，その子たちを無理に参加させようとせず，「マラソンが終わったら集団遊び」という流れを毎日繰り返すことにした。
>
> 　1カ月この流れで保育を続けていったところ，マラソンが終わると，子どもたちが自然に担任の近くに集まってくるようになった。そして，気がつくと，入れなかった子たちも遊びの輪に加わっていた。
>
> 　「はないちもんめ」が楽しめるようになったら，今度は「あぶくたった」の集団遊びを始めた。活動に決まった形式ができているので，新しいメニューを取り入れても，子どもたちが混乱することはなかった。
>
> 　このように「いつもの流れ」をつくり，それを子どもが覚えたタイミングを見計らって，今度はそこにスケジュールを重ねるのである。

Ⅲ　いよいよスケジュールを導入する

1．まずはカードを「見る」ことから

　スケジュールは，1コマから練習する。
　その際，はじめに取り上げる1コマは，子どもが好きな活動か，あるいはすでに定着した活動でなくてはいけない（**写真3-2**）。いきなり，こちらのしてほしいことや定着の不十分な活動をカードに書きこんではいけない。カードへの拒否反応を形成してしまう可能性があるからだ。
　手続きとしては，いつもやっている活動とカードとを結びつけるのだと考えてもらったらいい。いつもしている活動なのだが，今度はカードを見てそれをするようしむけるのである。
　カードを見る習慣をつけるためには，子どもがそれを見たときに，「あっ，あれか」「それならしたい」と思えるような内容をカードに書く必要がある。したくないことや，関心のないことをカードに書いてさせようとしても，けっしてうまくいかない。

写真3-2
　いつもしていることをカードに書いておく。さりげない1コマスケジュールだ。

> **エピソード**
>
> カードを見る練習
>
> 「給食よ」と声をかけても，そのまま遊びを続けている航大くん。保育者は，給食を知らせるために「おにぎり」のカードを示したが，まったく見向きもしなかった。
>
> そこで，カードの替わりに，空の弁当箱を見せてみた。毎日くり返すうちに航大くんは，自分の弁当袋をもって，給食を食べる部屋へと向かうようになった。その後，①空の弁当箱を提示する場所を決め，給食の前になったらそこに置く，②その弁当箱をカードに貼り付け，同じ場所に置く，③お弁当箱の絵を描いたカードをそこに置く，といったように展開していった。
>
> こうして，給食とカードとを対応させることに成功した。

2. カードは特別なものではない

　カードと聞くと，なにか特別なことをしなくてはならないように思うかもしれないが，そんなことはない。

　ごくふつうの保育場面を思い浮かべてみてほしい。私たちは，子どもたちに，これから絵本を読むことを知らせるときにどうするだろうか。「いまから絵本を読むので，集まりましょう」と声をかける。たいていは，それで伝わる。

　ところが，子どもが，まだことばの十分伝わらない年齢だったらどうするか。答は，簡単である。絵本をもって先生が前に座る。それを見て，子どもたちが集まる。これがいちばん分かりやすい。ことばの替わりに，実物の絵本が，これから絵本を読むことのサインになるのである。

第3章　個別的な保育の手だて（2）　55

　たとえば，そのあと次のような展開を考えてみる。本を読む前に，座って待たせようとする。読み聞かせをするときに保育者が座るイスの上には，これから読む絵本を立てかけておく。子どもたちは，言われなくても，おのおのが自分のイスを持ってきて待つ。こんな光景があると思う。

写真3-3　絵本を読むことを知らせる
保育者が座るイスに立てかけられた絵本が，これから読み聞かせを始めるサインになる。

　さて今度は，イスの上に，実物の本ではなく，「きょうのえほんは，○○のおはなしです」ということばをそえて，表紙の絵を描いたカードを立てかけておく。これは，「次にこれをするよ」というサインであり，1コマスケジュールそのものである。
　発達障害のある子に，スケジュールを教えるというのは，これとまったく同じことなのである。ことばの指示だけでは理解の難しい子どもに，次にする活動をカードで伝える。それを見て，ひとりで行動できるようにするのである。

3．子どもに伝わるカードを作る

　子どもに伝わるカードの条件とは，カードに示された内容と実際の活動とが，子どもの中でつながっていることである。

　たとえば，自転車遊びをするときのことを考えてみよう。カードで示すのは，自転車の絵と写真とで，どちらが分かりやすいか。子どもによっては，自転車の鍵を示した方がいいことがある。鍵を掛けたカードを見せて，「これするよ」と伝えるのである。また，自転車遊びの終わりを告げるために持って出かけたタイマーが，自転車に乗るサインになった例もある。ともあれ，それを見たら何をするのかがすぐに分かるカードを作ってあげたいのである。

　一つひとつの活動が，その子の目にはどう映っているのかということに，いつも想像力を働かせてほしい。

実践の息づかい

スケジュールの導入

　スケジュールで見通しと向かう先を伝える。知ってはいても，最初に何から始めてよいか分からなかった。カードの導入は，思いのほか大変だった。

　大好きな給食のカードを見せても，投げてしまう。カードの厚さや重さを変えてみた。カードを差しているスケジュールボードの位置も，その子に合わせて高さを調節した。「給食のカード」が「給食という活動」につながるまでに，かなりの時間を要した。

　カードの意味が分かりはじめたら，今度は自分のスケジュー

ルボードを知らせるのに苦労した。別の子どもが使っているスケジュールカードに反応してしまったからである。その子のスケジュールボードだけ他の子どもから離したり，目印としてボードにつけたマークを，好きなキャラクターに替えたりしてみた。

写真3-4　どの写真が伝わりやすいか
「散歩」に出かけるということが，なかなか伝わらなかった。行き先の写真を撮ってカードにしたが，うまくいかなかった。そこで，園の門を写して見せたら，園外に行くことがイメージできるのではないかと考えた。これは，成功だった。子どもは，カードを手にして，門のところでじっと待っていた。

Ⅳ　スケジュールを発展させる

1．時間の推移を教える

1コマのスケジュールが定着したら，今度は2コマに進む。障害が重い子どもの場合，ここが思いのほか難しい。

というのも，2コマのスケジュールというのは，単にコマが一つ増えただけではないからだ。スケジュールは，2コマ以上になると，「今やっているこれがすんだら，次はこれ」といった「時間の推移」を示すものになるのである。

　ところが，子どもによっては，「時間の推移」自体が，まだ十分に体得できていないことがある。そのような場合，複数コマに進む前に，次に示す二つのことがらをチェックしておきたい。

　一つは，1コマのスケジュールが定着しているかどうか。カードと一つひとつの活動とが，対応しているだろうか。

　そして二つめは，ふだんの保育場面に，「これをしたら次はこれ」という形式があるかどうかである。そうした「形式」があってこそ，そこにスケジュールをかぶせることができるのである。

　これが，2コマ以上のスケジュールを教えるときの条件である。以下，このあたりのことを具体的に解説しよう。

2．1コマから2コマへ

　2コマスケジュールに進むときの一般的な手順を挙げておこう。
　まずは，スケジュールと対応させる活動を決めることからだ。
　1コマめは，すでに1コマスケジュールと対応している活動を選ぶ。朝のしたく，パジャマに着替えるといった活動でよい。
　次に，それをしたあとにできる，子どもの好きな活動を用意する。「これをしたら，あなたの好きなこの遊びができるよ」ということを伝えるのだ。好きな活動があとにあれば，子どもはよく動く。
　このように，部分的に2コマスケジュールを入れてみる。それができたら，別の場面でも試してみる。こうして2コマスケジュールを使う習慣をつけていきたい（**写真3-5**）。

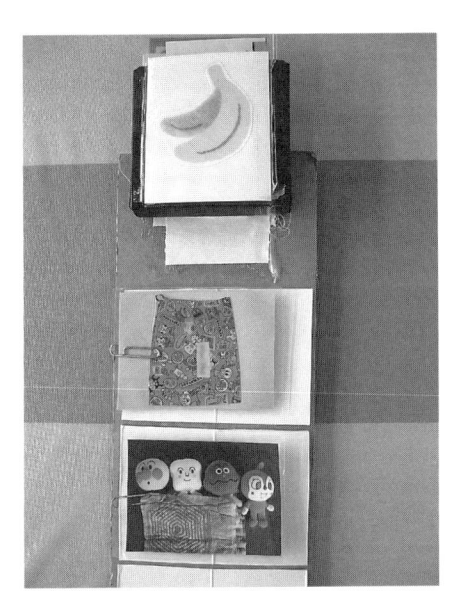

写真3-5 パジャマを着たら，アンパンマンで遊べるよ

コマを増やすときには，たとえば，「パジャマを着る」，そうしたら「好きなおもちゃで遊べる」というように，2コマめは好きな活動にする。2コマめが，「強化子」だと考えてもいい。

3．コマを増やす，その前に

　ここまで来ると，フルタイムのスケジュールに発展させたくなる。しかし，その前に，一つひとつの活動が順に推移していくということを，限られた枠の中でしっかりと体験させておきたい。

　たとえば，おやつのかたづけ場面を考えてみよう（**写真3-6**）。お皿をかたづける，歯磨きをする，コップと歯ブラシをかばんに入れる，そしてイスをかたづける。そうしたら先生に抱っこしてもらう。カードを見せながら，はじめは一緒にやってみる。一つできるたびに，子どもにカードをはずさせてもいい。こうして，カードを見ればひとりでできるよう援助するのである。

写真3-6　おやつのかたづけ
おやつの後かたづけをスモールステップにし，その一つひとつをカードと対応させた。できたらその都度，カードを「おしまいポケット」に入れていく。最後には，先生の顔の絵。「がんばったら，先生が大好きな抱っこやこちょこちょ遊びをしてあげるよ」というメッセージだ。

　また，コマを増やす練習の途中で，子どもがスケジュールを見なくなった場合は，決して先を急がないことである。うまくいかないときは，スケジュールをいじる前に，活動そのものが魅力を失っていないかどうか検討してみよう。「楽しいことを伝えるためのスケジュール」という原点に立ち返るのだ。

エピソード

1日のシナリオをつくる

　真衣ちゃんは，毎朝保育園に来ると，その日にどんなことをするのか，担任とお話しをする。スケジュールを見ながら，1日のシナ

リオを確認するのである。

　「おそとであそぶ」と書いてあっても，何をして遊べばいいか分からない真衣ちゃん。①「あさがおのみずやりをするよ」②「きょうは，ぶらんこかのぼりぼうをしようね」と，絵カードで示してあげる。

　そして朝の集い。その日の歌とお楽しみは，当番さんが選ぶことになっている。今日は，真衣ちゃんが当番である。前日のうちに，「うたは3番，おたのしみは4番」と決めていた。

　制作の時間は，「ろけっとづくり」。イメージのわかないことが書いてあると，スケジュールは子どもをかえって不安にさせる。そんな真衣ちゃんには，「ろけっとづくり」の手順書を作ってあげた。

4．活動のすき間を埋める

　1日のスケジュールが使えるようになってもなお，発達障害のある子はいくつものトラブルに見舞われる。とくに，活動と活動のあいだで間がもたなくなると，あれこれとやっかいな問題が起こる。発達障害のある子たちは，することのない状況が長く続くと，ひどくストレスをためるのである。

　もちろん，保育者としては，これでもずいぶんすることを与えてきたつもりでいる。しかし，発達障害のある子どもにしてみれば，園の生活は，まだまだ意味の分からないことだらけなので，どうしても1日のあちこちに空白ができてしまうのだ。

　そんなこの子たちには，そうしたいわば「すき間」を埋めるメニューを用意してあげてほしい（**写真3-7**）。写真3-8のような「自立課題」を用意するのもいいだろう。

写真3-7 「すき間」を埋めるスペースと自立課題
保育室の中か，その近くに落ち着ける場所をつくり，その子が好みそうな教材を用意する。一人で一定時間を過ごすために必要な課題という意味で，「自立課題」と呼ばれることもある。

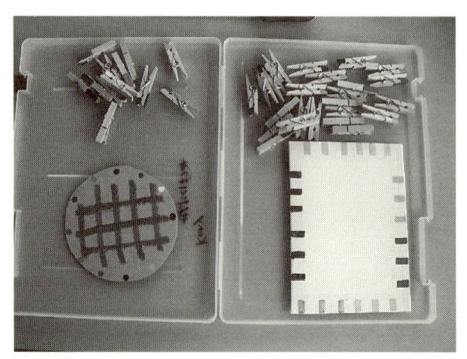

写真3-8 自立課題
100円ショップに行くとさまざまな素材が手に入るので，上手に加工して作ってあげたい。気に入ったものがあれば，家庭に貸し出すといい。

エピソード

> 「すき間」はつらい

　することが途切れた「すき間」は，落ち着かず，何も手につかない絵里ちゃん。

　給食の後，パジャマに着替えると，部屋から出てカタツムリを眺めている。しかし，それも長くは続かず，「眠たいの」といって，いちばんに布団に入ってしまう。

　こんなときに何かできないものかと，担任は，シャボン玉を用意した。スケジュールにも，シャボン玉の絵を描いた。それは，大喜びだった。

　さて，そんな彼女が，ある日の夕方，ふと思い出したように担任のところにやってきた。「シャボン玉したいの」と。「すき間」を埋めるすべを身につけ始めた絵里ちゃんだった。

5．携帯スケジュールに発展させる

写真3-9　携帯スケジュール
手帳大のカード入れに，その日のスケジュールを差す。

　スケジュールをある程度使いこなせるようになったら，携帯用のスケジュールに発展させてみよう。

　写真3-9は，手帳大のカード入れに，その日のスケジュールを差していったものである。表紙には，この子の好きなチョコボを貼った。

エピソード

> チョコボスケジュールを使いこなす

　毎朝10分ほどかけて、担任といっしょに1日のスケジュールをたてる。健太くんは、「チョコボスケジュール♪♪」と口ずさみながらイスに座る。

　チョコボスケジュールは、給食のときに健太くんがゲームのキャラクターであるチョコボの話をしていたのがきっかけで、カード入れの表紙に貼って作ってあげたものだ。

　さて、今日のクラス活動は、お店屋さんごっこの品物づくりだ。手順表を見て、心配そうに、「ここは、先生手伝ってね」と求めてくる。もちろん、「いいよ、先生が手伝ってあげる」と答える。

　苦手な給食のあとは、ビデオが待っている。「ビデオは、ぼくが決める」と宣言し、好きなビデオのカードをスケジュールに差す。

　ところで、スケジュールが定着してくると、新たな問題が起こってくる。保育者が知らぬ間に、スケジュールを変えてしまうことがあるのだ。そうすると、当然のことながら、本人も周りも混乱してしまう。

　そこで、「チョコボスケジュールは変えないよ」とはじめに言ってから、その日のスケジュールをたてることにした。同時に、「朝、子どもと決めたスケジュールは変えない」ということを、職員間で確認した。

　そんな取り決めをして1週間。健太くんは、あまりしたくない活動があっても、「チョコボスケジュールに書いてあるから」と言いながら、がんばれるようになった。

第3章　個別的な保育の手だて（2）

実践の息づかい

子どもに寄り添ってつくるスケジュール——健太くんの場合

　先ほどのエピソードに登場してもらった健太くんの話である。この子がここまで成長するには，彼なりの苦労があった。

　スケジュールを作って間もない頃，健太くんは，その日のスケジュールをくいいるように見ていた。うまくいったと思った。

　ところが，そんな矢先，母親から連絡が入った。「先生，最近，家でチックがひどいんです」と。母親の声から，不安な気持ちが伝わった。電話を切った後，ショックでしばらく何も考えられなかった。チックの原因は，明らかに園生活のストレスである。

　手だてがみつからないまま1週間が過ぎたある日のこと，もう一度スケジュールを見直してみようと思った。

　健太くんの1日の過ごし方を，振り返ってみた。クラスの活動にはなかなか参加できず，保育室の中を歩き回っていた健太くん。活動の合間も，廊下でうろうろしていた。園生活が「すき間」だらけだった。

　そこで，健太くんが手持ちぶさたになりがちな時間帯を特定し，何をするのかを分かりやすく示した。すると健太くんは，じっとスケジュールを見ながら，することを確認していた。ほんの少しの手立てで，子どもは救われるのだ。

　することが分かれば子どもは安心する。でも，その子にあったスケジュールをたてることがこんなにも大変なことなのかと，健太くんにチックが現れてはじめて知った。健太くんがしんどい思いをしていることに，どうしてもっと早く気づいてあげら

れなかったのだろう。
　母親の電話から4カ月。やっと健太くんに笑顔が見られるようになった。チックは，影をひそめていた。

第 4 章
個別的な保育の手だて（3）
人とかかわる力をつける

　第 4 章は，「人とかかわる力をつける」がテーマである。

　人とかかわる力をつけるためのキーワードは，「要求」と「期待」である。

　「要求」に関するポイントは，「適切な要求をすれば，大人は誠実に動いてくれる」ということを子どもに教えること。もう一方の「期待」だが，こちらは，保育者の「期待」をいかに子どもに伝えるかがポイントである。

　いずれも，子どもが毎日通う保育園や幼稚園だからこそできる支援である。具体的な保育の手だてをいくつか紹介するので，どうか繰り返し，身に付くまで教えてあげてほしい。

I 「要求」を伝えやすくするために

1．コミュニケーションと「要求」

1）コミュニケーションとは何か

　唐突だが，コミュニケーションとは何だろうか。多くの人は，それを，他者とのやりとりとか，意思の疎通とかいうふうに受け止めているだろう。

　しかし，それだけなのだろうか。結論を先取りすると，私たちは，相手に何かを要求したときに，「相手が誠実に動いてくれる」ことをもって「コミュニケーションがとれた」と実感できるのである。

　たとえば，私たちが子どもとかかわっていて，「コミュニケーションがとれた」と感じるのは，何かを指示したときに，その通りに子どもが動いてくれるからである。もし，子どもが指示と違った動きをしたり，あるいは何の反応も示さなかったりしたら，「コミュニケーションがとれた」とは思えないのではないか。

2）コミュニケーションがとれないと思っているのは子どもの方かもしれない

　今の話を，子どもの側から語ってみよう。

　子どもが保育者に対して，「コミュニケーションがとれた」と思うのは，「保育者が，子どもの求めにそって動いてくれた」ときだということになる。

　そう考えると，はたして子ども，とりわけ発達障害のある子どもには，

どれだけ保育者と「コミュニケーションがとれた」という実感があるのだろうか。「コミュニケーションがとれない」と思っているのは，むしろ子どもの方なのではないか。

その理由は，ことばなどのコミュニケーション手段を，子どもが十分に持ちあわせていないからだとも言える。しかし，ことはそう単純ではない。

どういうことか。そのあたりの事情を次に確認し，コミュニケーションを巡る子どもの「困り感」について再考することにしよう。

2．教えたいことは，まず「要求」

1）相手にものを頼むということ

発達障害のある子どもたちは，「相手に何かを要求をしたときに，相手が誠実に動いてくれた」，すなわち「コミュニケーションがとれた」という経験自体をあまりしていない。なぜ，そうなってしまうのだろうか。

それを知るために，「要求」ということがらについて，もう少し踏み込んで考えてみたい。

私たちは，ふだん，相手の反応を推測しながら，要求をしている。例をあげよう。

筆者が，ある保育士の集まりに呼ばれて，講演をするとしよう。昨年に引き続きということで，お世話をしていただく保育士のAさんとは，お互い，ざっくばらんに話ができる関係である。

講演の当日，書類に印鑑が必要だというときに，「すみませんが，朱肉を貸してもらえませんか」と頼む。Aさんは，探して持ってきてくれる。朱肉くらい持って歩けばいいのだが，いつもこれですんでしまうものだから，結局，買いそびれている。

ところで，ありえないかもしれないが，同じAさんに，「すみませんけど，明日観光して帰りたいので，車を貸してくれませんか」と頼むことができるだろうか。ふつうの感覚ならば，それは頼めないだろう。

朱肉と車，極端な例だが，頼める，頼めないの判断は，相手がその頼みをきいてくれそうかどうかを推測できるからこそ可能なのだ。つまり，きいてくれそうなことは頼むし，そんなことを頼まれた相手は困るだろうという頼みは，はじめからしないのである。

2）発達障害のある子どもはどうか

「今このタイミングで，相手にこれを頼んだらきいてくれそうだ」ということを相手から器用に読み取って，私たちは「要求」をしている。それは，誰かから教わったわけでもなく，1，2歳の小さな子どもの時分から，知らず知らずに大人との間で練習してきたことなのである。

しかし，発達障害のある子どもは，この時点ですでにつまずいている。しばしばこの子たちは，「今それを言われても困る」という状況下で，「あれをしてほしい，これをしてほしい」と親に要求するのである。家事や下の子どもの世話で手が離せないときは，してあげたくても「今はできない」のだ。また，本人なりのシナリオにそって要求をしてくるものだから，その内容が周囲の人には理解できないことが多い。

こんな事情も手伝って，ともかくこの子たちには，「要求をしたら，相手が誠実に動いてくれた」という経験が，私たちが思う以上に少ないのである。子どもによっては，「要求」をすれば自分の願いがかなうということ自体を知らないのである。その意味では，慢性的な欲求不満状態にあるといってもいい。

そんなこの子たちだからこそ，「適切に要求をしたら，いい思いができる」ということを教えてあげたいのだ。

> **エピソード**
>
> **ぼくも同じことがしたいんだよ**
>
> 　真希ちゃんが，保育室のコーナーで自立課題に取り組んでいた。そこへ翔真くんが近寄ってきて，玩具をがちゃがちゃ鳴らし始める。
>
> 　担任は，「翔真くんやめて。真希ちゃんが，うるさくて困ってる」と注意した。ところが翔真くんは，「だって，先生は大きいんだもん」と，まったく関係のないことを話し出す。「先生のお話をきいて」と制止するが，今度は泣きそうな顔になる。
>
> 　そこで担任は，翔真くんを抱きしめ，「翔真くんもしたかったのね」とやさしい口調で話しかけてみた。大きくうなずく翔真くん。急いで真希ちゃんと同じ自立課題を用意した。
>
> 　「ぼくもしたいよ」の一言が出ない翔真くんである。あれこれおしゃべりをする割には，相手にことばを届けるという経験がなかったのかもしれない。

3．「要求」を教える

1）「要求」ができないという仮想例

　ところで，「要求」が通らない「困り感」とはどのようなものなのだろうか。次のような状況を想像してみてほしい。

　夢に出てきた話だと思ってもらったらいい。どこかの知らない国に出かけた。道を尋ねたくて，街角にたたずむ人に声をかけようとした。ところが，近寄っても，何の反応もしてくれない。それどころか，こちらが歩み寄っていることにすら気づいていないようなのだ。

　この国では，人に何かを要求するという習慣がないのだろうか。せめ

て振り向いてくれれば，身振り手振りで要求を伝えられるかもしれない。しかし，ここでは，そうする可能性さえ遮断されているのだ。

　発達障害のある子どもたちは，もしかすると，これと同じような「困り感」を味わっているのかもしれない。周りの人たちが何をしているのか，皆目見当がつかない。しかも，この子たちは，「要求の手だて」のみならず，「要求したら相手が動いてくれる」ということすら知らない。だとすれば，ただ途方に暮れるしかないではないか。

2）「要求」を伝える場面をつくる

　では，そういうこの子たちには，どうやって「要求」を教えていったらいいのか。具体的な手だてをいくつか紹介しよう。

　保育園や幼稚園の生活の中では，子どもの方から保育者に要求を伝える機会がどれだけあるだろうか。発達障害のある子に「要求」を教えるためには，なにより，「こんなふうに要求をしたら，ぼく／私のしたいことができた」という経験ができる場面を作ってあげることだ。

エピソード

> 要　求①
> 鈴をとってもらう

　保育園5歳児クラスの崇くんは，重度の知的障害と自閉症がある。「お外に行くよ」「お昼寝だよ」などということを伝えるために，カードを見せたものの，すぐに投げ出してしまった。カードの意味が，分からないようだった。

　あれこれ思案した担任は，崇くんの好きな鈴に着目した。他のおもちゃにはあまり興味を示さない崇くんだったが，鈴が目に入るといつも取りに行っていたからだ。

担任は，いつも遊んでいる鈴を，目にはつきやすいが，しかし手の届かない壁面に掛けた。そして，鈴の下には，崇くんの目の高さに合わせて要求ボードを置き，鈴の写真カードを貼った。
　はじめは，鈴の写真をじっと見るだけの崇くんだった。そこで担任は，写真カードをはがして崇くんに持たせ，それを手渡すように促した。カードを渡したら，鈴を取ってもらえるという仕組みを教えるためである。
　繰り返すこと1カ月。崇くんは，近くにいる保育士のところにカードを持ってくるようになった。カードには，鈴をとってもらうという意味のあることを，ようやく分かってくれたのだった。

エピソード

要　求②
絵本コーナーに連れていってもらう

　保育室の出入り口に，いつもじっと立っている真穂ちゃんだった。
　担任は，園内の遊び場所を写した写真カードを用意し，扉に掛けたホワイトボードに貼った（写真4-1）。数日すると，真穂ちゃんは，ときおりカードを見に来るようになった。絵本コーナーの写真を見ているときは，ノンタンの絵本が読みたいのである。
　そんなとき担任は，カードをはずして真穂ちゃんに見せ，それを持って絵本のコーナーに連れて行った。これを続けるうちに，真穂ちゃんは，自分から行きたいところのカードをもってくるようになった。

実践の息づかい

「要求」が相手に伝わる

　初めて「要求」ができたときの崇くんの笑顔は，今でも忘れられない。発語もなく，要求行動自体を知らなかった崇くんに対して，もっと早く手だてを打てばよかったと思った。

　さてその数カ月後，新入園児が入園してきた。ことばはあるが，思いが伝わらないと激しく泣く女の子である。

　大好きなぬいぐるみがないのに気づくと，激しく泣き叫ぶ。入園後にまず教えたかったのは，「ぬいぐるみがなくなったら，カードで要求する」ということだった。

　崇くんのときと同じように，練習を繰り返した。うまくいった。要求が出せるようになるとパニックが激減する。改めてそのことを実感した。願いが人に届くことが分かると，子どもは安心して園生活を過ごせるのだ。

写真4-1　行き先カード
保育者にカードを渡せば，行きたいところに連れていってもらえる。

II 「期待」が伝わりにくい子どもへの手だて

1. 分かっていないからできない

　発達障害のある子どもを前に，私たちは，「この子は，分かっているのにしない」とぼやくことがある。
　しかし，その言い方は正しくない。子ども，とりわけ幼児の場合，分かっていてもしないということは，ありえないからだ。子どもが，動かないときというのは，「分かっていないからできない」のである。
　ところで，「分かっていない」といった場合，それには二つ側面がある。一つは，何をどのようにしたらいいのかが分からないということ。もう一つは，保育者の「期待」が分からないということである。

2. 何をどのようにしたらいいかを伝える

　まずは前者から。すでに第3章で述べたように，ことばだけで伝わりにくい子どもには，手順を示したカードが利用できる。ただし，カードだけでは，細かいことまでは教えられない。そこでなくてはならないのが，やはり保育者とのやりとりである。

> **エピソード**
>
> ### 手洗いのしかたを教える
>
> 外で遊んだあとは，帽子を置いて，手洗いをする。帽子入れを水道の近くに置き，動線を短くしたところ，一樹くんは，自分から手を洗いに行けるようになった。
>
> しかし，手洗いの様子を見ていると，指先だけをぬらして終わりにしてしまう。手順書もあるのだが，「手を洗うよ，ごしごし」と，手を添えて洗い方を教える。まわりに水がはねているので，「水は少しだけだよ」と声をかけながら蛇口をひねる。
>
> 手順書だけでは，細かいところまで伝えることができない。保育者のていねいなかかわりが，どうしても必要である。

実践の息づかい

カードだけではできないこと

手洗いや着脱の仕方を教えるときに，よく手順書やカードが使われる。

しかし，エピソードでも示したように，生活習慣は，声をかけ，手をそえながら教えていくものである。「手はごしごし洗うよ」「上手にできたね」という保育士のことばが子どもに届き始めた頃，ようやく子どもに生活習慣がつき始めるのである。

カードが手がかりになることもたしかだが，やはり大切なのは人と人とのやりとりである。障害があろうとなかろうと，子育てのマインドは同じだ。

3．「期待」を伝える

1）「期待」が伝わっていない

　もう一つは，「期待」の伝わりにくさである。

　たとえば，朝の支度ができる日と，できない日があるとする。そんなとき，私たちはその子に対して，「波がある」とか「むらがある」などと言う。そして，「この子は，分かっているのにしない」と思ってしまうのだ。

　しかし，先ほども述べたように，小さな子どもの場合，分かっているのにしないということはありえない。

　たしかに，できる日があるということは，支度のしかたは分かっているのだ。では，分かっていないのは何かというと，「毎日，しかも決められた時間内にすることを，保育者が期待している」ということである。

　多くの場合，保育者は，そのようなことを期待しているのだと，子どもたちにいちいち説明することはない。にもかかわらずそれが伝わるのは，早々と支度をすませた子が保育者からほめられるのを見たりすることで，子どもたちがおのずと保育者の期待を汲み取っているからなのだ。

　ところが，発達障害のある子どもたちは，保育者が周りの子どもたちを賞賛していても，それがなぜなのか分かっていないことがある。保育者がどんなことを子どもに期待しているのかが，どうもぴんと来ていないようなのである。だから，何も手を打たなければ，決められた時間内にすませることが自分に期待されているということに，いつまでたっても気づけないのである。

2）「達成感」を味わう

　発達障害のある子どもは，課題を提示しても単に「こなす」だけで，「達成感」といったものが薄いように思う。というのも，そもそも「達

成感」というのは，できたことを他者と喜び合うことを基盤にして育つものだからである。「達成感」は，苦労して課題を仕上げることを他者が「期待」しているということを子どもが感じていて，それを受けて子どもががんばるからこそ生まれるものである。

　「期待」して見守ってくれる他者がいるから，一生懸命課題に取り組める。そして，できたときに，そのことをともに喜んでくれる他者がいる。だから，人は「達成感」をもてるのである。

　ところが，発達障害のある子どもは，他者の「期待」を受けとる力が希薄なぶん，できた喜びを保育者と共有し，達成感を味わう経験が少ない。それを経験させるためには，保育者の「期待」を伝えるための地道な働きかけが必要である。

エピソード

達成感を育てる

　保育室ではなかなか午睡ができない夏樹くん。その日保育士は，別室で午睡をさせることにした。

　静かな部屋でゆっくり休まったのだろう。3時になって目が覚めると，自分からパジャマをたたんでいる。いつもはぼんやり布団の上に座っている夏樹くんなのだが，こんな姿を見るのは初めてである。

　「すごいね」と声をかけると，今度は服を着はじめる。一つ動作がすむごとにほめ，見守った。最後に靴下をはいたところで，夏樹くんは笑顔で保育士に抱きついてきた。

　着脱の流れを手順表にしてあげることは，もちろん大切である。しかし，それだけではいけない。着替えをしながらのやりとりを通

> じて，がんばったらほめてもらえる，つまり保育士の期待に応えると，こんなにも気持ちがいいんだという体験をさせてあげたいのである。「達成感」は，こうして育ててあげたい。

4．「してはいけない」という「期待」を伝える手だて

1）「してはいけないこと」は伝わりにくい

　「それをしてはいけません」と注意をすることがある。言われた子どもは，保育者の顔色を見て，「それをすることを，相手は望んでいない」という，保育者の「期待」を読み取る。と同時に，「ならば，自分がどのように振る舞うことを，相手は望んでいるのか」という，これまた保育者の「期待」を，その場で推測しながら行動しているのだ。

　ところが，発達障害のある子どもは，こういうことを最も苦手としている。この子たちには，いったいどうやって「してはいけない」という「期待」を伝えたらいいのだろうか。

エピソード

「してはいけない」という期待を伝える

　さっきから，マットの上に乗って換気扇のスイッチをいたずらしている准くんである。「スイッチが壊れるからやめてね」というと，今度はつばを吐く。その後，「先生なんか大嫌い」と叫んだ准くんは，パニックに向けて一直線だった。

　パニックが収まったところで保育士は，少しの間ゆったりと遊んであげることにした。そして，准くんが満足し，保育室に戻ろうとしたときに，「換気扇のスイッチは触りません」と話した。「分かっ

た」と，准くんはとても穏やかに答えてくれた。
　翌日，またマットの上で遊んでいるときに，保育士は，「准くん，スイッチ触ってない，おりこうだね」と声をかけつづけた。してはいけないことをしてしまってから叱るのではなく，していないときに「それでいいんだよ」というメッセージを送ったのである。以来，准くんがスイッチに触れることはなくなった。

2）伝えるための手だて

　ところで，障害の重い子どもになると，こういった手だてだけでは，なかなか保育者の期待が伝わらない。
　そこで，ぜひ知っていてほしいセオリーがある。「してはいけないことを教えるのではなく，どうしたらその子の望むことができるのかを教える」というものだ。
　たとえば，「カードを渡せば，これができる」ということを教えることによって，結果的に，「カードがないときには，それはできない」ということを理解させるのである。

エピソード

カードがないのは，外に出られないというサイン

　ちょっと目を離すと，もういなくなっている将樹くん。保育室の外に出るときには，行き場所を示したカードを渡す練習を繰り返した。
　カードの使い方が分かってきたところで，今度は入り口に要求ボードをかけ，部屋から出ていいときには，行ってもいい場所の写真カー

ドを貼っておくことにした。カードを見つけると，将樹くんはそれを手に取り，保育士に渡しに来た。

　ところで，この仕組みでいくと，要求ボードにカードがないときは，外に出られないことになる。はじめのうち将樹くんは，ボードに何も貼られていないと，部屋中カードを探しまわっていたが，1週間もするとあきらめがついたようだった。

　このころから，将樹くんの飛び出しは激減した。

エピソード

プールが見えてもすぐには入らない練習

　水遊びの季節になると，服を脱いで一目散にプールに飛び込む瑞希くん。ふだんの生活でも，見えたものにはすぐ反応し，衝動的に動いてしまう。

　ある日，水着に着替えてプールサイドに行った。もちろん，即刻入りたい瑞希くんである。しかし，こういう場面こそ，待つ練習が必要である。タイマーの電子音が鳴って，担任が「プールカード」を出したら入っていいことにした。

　はじめの2回は，ひっくり返ってパニックになったものの，何度か続けるといくらか待てるようになった。また，プールに入れる日には，保育室のスケジュールボードに「プールカード」をはさんでおくことにした。

　この方法は，効き目があった。2週間ほどで，プールへの飛び込みはなくなった。「この人がだめといったら，だめ」ということ，そして「この人がカードを出してくれたら，必ず入れる」というこ

とが分かったのだ。
　瑞希くんは，カードの意味を覚えただけではなかった。そこには，かぼそいながらも，保育士との信頼関係の糸が見えた。

第5章
集団における保育の手だて（1）
小集団保育の実践

　第5章では、「小集団保育」の取り組みを紹介する。
　とはいえ、いまの保育園や幼稚園では、そんなことはしたくてもなかなかできないと言われそうである。
　にもかかわらず、ここで取り上げるのには、二つの理由がある。
　一つは、「小集団保育」のエッセンスが、発達障害のある子どもの理解と保育にたいへん役立つということ。もう一つは、一般の保育園や幼稚園でも、工夫しだいで「小集団保育」を取り入れることが可能であり、それがたいへん効果的だからである。
　本章では、まず前半で、「小集団保育」の形式と具体的な手だてについて解説したい。岡山市の障害児保育拠点園では、「プレイ」と呼ばれる「小集団保育」に長く取り組み、大きな成果をあげてきた。まずは、実践のノウハウを詳しく紹介しよう。
　そして後半では、それらの実践を踏まえながら、「小集団保育」のポイントを整理したいと思う。

I　小集団保育の実際（1）発達障害のある子どものグループ

1．形　態

　参加する子どもは，6〜7人程度。どの子も，自分のマークの付いたイスに座る。メインの保育者が前に立ち，1〜2人の保育者が子どもの横か後につく。

写真5-1　プレイ場面
毎日30〜40分程度，決まった形式で小集団保育が行われる。

　正面には，プレイボードが置かれた。子どもたちが注目する場所である。
　プレイは，毎日ほぼ同じ時間帯，おおかた登園後30分から1時間くらいたったころから始める。

2．実　践

「プレイ」は，「プレイボード」にそって進行する（図5-1，2）。

図5-1　メインのプレイボード

プレイで何をするのかが，これを見れば分かる。

メインのプレイボードの左側には，参加する子どもの顔写真が貼られ

る。右側には、その日の活動メニューを示したカードが貼られる。

　もう一つの小さなボード（サブのプレイボード）は、今している活動を示すために用意する。たとえば、いちばんはじめの活動メニューである「コニーちゃんのポケット」の場面では、メインのボードにある「コニーちゃんのポケット」の写真カードをサブのボードに移し、「今は、コニーちゃんのポケットをしている」ということを伝える。

　「コニーちゃんのポケット」では、エプロンのポケットに入った子どもの好きなおもちゃを、保育者が取り出して見せてくれる（**写真5-2**）。

　「コニーちゃんのポケット」が終わると、サブのボードに貼っていた写真カードは、下のカードポケットにしまう。

　次は、「トランポリン」。子どもが大好きなメニューである。メインのボードからサブのボードに、「トランポリン」の写真カードを移動する。次の活動に切り替わったということを、こうして伝えるのである。

写真5-2　コニーちゃんのエプロン
魅力のある玩具が、次々とポケットから出てくる。

「ぶたクンのシャボン玉」に続いて、今度は「やきぶたマット」（ゆさぶり遊び）である。子どもたちが一人ずつ、マットの上にねる。サブのプレイボードには、「やきぶたマット」の写真カードが掲示されるとともに、子どもの顔写真が順に張り替えられる（**図5-2**）。メインのプレイボードに自分の写真があれば必ずできることが分かっているので、順番の待てない子も、自分の番が来るまで座ることができる。最後のメニューは、子どもたちが楽しみにしている、「数字のうた」（パネルシアター）である。

一つひとつメニューがこなされ、メインのボードにあったカードがすべてなくなると、今日の「プレイ」は終わりである。

図5-2 サブのプレイボード
サブのプレイボードは、今していることを示すために使う。

> 実践の息づかい

小集団保育に着手する

　子どもに「プレイ」の形式が定着するまでは，ちょっと間があくと離席してしまったり，誘ってもなかなか座らなかったりと，落ち着かない状態が続いた。アンパンマンの好きな子どものためにキャラクターをそろえたが，箱からそれを取り出す間に，もうどこかへ行ってしまうこともあった。

　そんななか，子どもたちが目を輝かせ，自分からイスに座れるようにと思って始めたのが，「コニーちゃんのポケット」である。次々に出てくるグッズは，ポケットに入っているのですぐに取り出せる。最初は，ビデオのように活動が切れ間なく流れていく組み立てにした。活動が楽しければ，注視する力はおのずとついてくる。次の活動を期待して待てるようになると，子どもたちは，長時間座っていることができるようになるのだ。

　また，プレイの冒頭では，どの子も興味のもてる，インパクトの強い教材を用意した。音のなる絵本は効果的だった。

　「プレイが始まるから座ろう」と，子どもたちが自発的に集まってくるような活動と教材を用意したい。

> 実践の息づかい

人が替わっても混乱しないように

　新年度になると，担当の保育者が替わることがある。いつも

> のようにしていたプレイだが，ある日，初めて担当する保育者がすると，どの子も落ちつかなくなった。人が替わることで，子どもにとっては全く違った活動になってしまったのである。
> 　そこで取り入れたのが，プレイボードである。いつものボードに，いつもの活動が示してある。ボードを手がかりにプレイを進めていけば，初めてプレイをする保育者にも，もちろん子どもたちにも混乱が生じない。

II　小集団保育の実際（2）定型発達の子どもたちを交えて

1．形　態

　次は，定型発達の子どもたちを交えた「プレイ」である。
　広いスペースが必要なときには，ホールを使う。ホールの壁際に，イスが並べられた。正面にはメインの保育者が1人，適宜サブの保育者がつく。
　クラスの子どもたち全員が合流して「プレイ」をすることもあるし，5〜6人のグループが交代で参加することもある。
　「プレイ」は，発達障害のある子どもたちよりも，むしろ定型発達の子どもたちのほうが楽しみにしているくらいだ。

2. 実　践

一例として、クラス全員でする「すごろくプレイ」を紹介しよう。

写真5-3のようなプレイボードを用意する。活動のメニューと、活動するときのグループを知らせるためのものだ。2人組、4人組などの組み合わせを、前もって写真カードで知らせておくといい。

写真5-3　すごろくプレイのプレイボード
グループで活動するときには、誰と組むのかをあらかじめ知らせておく。

──────── 実践の息づかい ────────

「プレイ」で子どもを育てる

「プレイ」のさなか、「2人組になるよ」とことばをかける

と，相手を探し始める子どもたち。こんなとき麻美ちゃんは，30人の動きに圧倒されて立ちすくんでしまう。

なかなか相手の見つからない麻美ちゃんに，保育士は「かなちゃんと手をつないでね」と声をかけた。ところが麻美ちゃんからは，「イヤなの」という答が返ってくる。嫌いな子というわけではないのだが，安心できる友だちでないと手がつなげないのだ。

次回からは，プレイが始まる前に麻美ちゃんの希望をきき，あらかじめペアを決めておくことにした。もちろん，これは成功した。

さて，はじめの活動は，「歩く・走る・ねる」課題を盛り込んだ，リトミックである。発達障害のある子どもが安心して参加できるよう，この子たちが親しんでいる曲を使う。それをベースにして，ところどころ，アップテンポのリズムやスローテンポのメロディーを織り交ぜる。

歩く・走る活動の途中では，笛の合図で動きを止めるのだが，なかなか止まれない子もいる。とくに，発達障害のある子どもは，止まったように見えても，体のどこかが動いていたりする。自分では気づいていないのだ。

保育者は，動いている部位にそっと手を触れ，「ここが動いているよ」と知らせる。からだの動きをコントロールする練習は，子どもの情動のコントロールに直結する（**写真5－4**）。

写真5-4 リトミック，からだの動きを止める練習
動きが止まらない子どもには，保育者が手を添え，からだ
が動いていることに気づかせる。

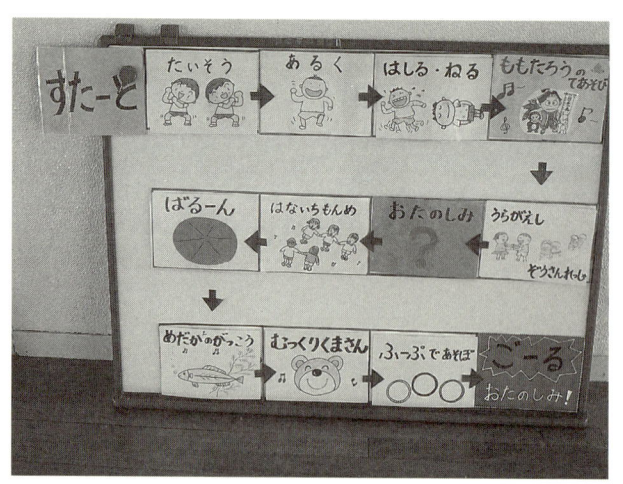

写真5-5 すごろくボード
すごろく遊びのボードである。

　この日メインの「すごろく遊び」では，すごろくボードが準備される（**写真5-5**）。子どもたちは，写真カードを見て，2人1組になり，決められた順番で前に出る。

じゃんけんをして，勝った子どもがサイコロを振り，負けた子どもがコマを進める。どこにコマが止まっても，子どもたちの大好きな活動が用意されている。

「すごろく遊び」がすむと，全員で輪になる。「プレイ」は，これでおしまいだ。プレイボードには，「プレイ」が終わったあとの活動が，カードで示してある。

Ⅲ　小集団保育のねらい

「小集団保育」のねらいを整理してみよう。

1．安心感を与える

発達障害のある子どもたちは，不安いっぱいで園生活をスタートさせている。そんなこの子たちにとって，いつもの「プレイ」は，唯一安心できる活動なのだ。

毎日同じ時間に，同じ場所で，いつものツールが出てくる。混沌とした園の空間に，とりあえずそこに身を置けば大丈夫という場を作ってあげたいのである。

2．保育者との信頼関係を培う

しかも「プレイ」は，子どもと保育者とが，さまざまな活動を共同で営む場である。子どもが安心して園生活を展開していくための「基地」，それが「プレイ」である。

いつもの「基地」で，いつもの「形式」にそった活動が展開されると，子どもは，「これをしたら，次にこれがくる」というように，次の活動を期待して待てるようになる。やがて，子どもたちには，「先生は，必ず，ぼく／私たちの好きなことをしてくれる」といった，保育者への信頼感が育つのだ。

3．活動の単位と時間の推移を教える

　スケジュールを定着させるためには，「プレイ」のように毎日繰り返される活動を通して，「活動の単位」と「時間の推移」というものをしっかりと身につけさせる必要がある。
　発達障害のある子どもは，知的にかなり高いと思われる子でも，「これをしたら，次はこれ」といった「時間の推移」がよく分かっていなかったりするのだ。また，重度の子どもになると，園の活動に一つひとつ区切りがあるということすら分かっていないことがある。
　「プレイ」では，ボード上にメニューカードを示し，活動が一つ終わるごとに，カードをポケットにしまっていった。それぞれの活動にはカードで示したような意味があり，今していることが終わると次の活動に移るのだということを伝えた。すなわち，「活動の単位」と「時間の推移」とを教えたのである。

4．他者と折り合うシナリオを作る

1）かんしゃくとシナリオ
　発達障害のある子どもがかんしゃくを起こす理由は明白である。一言でいえば，それは，他者と折り合うためのシナリオを作れないことにある。

たとえば、じゃんけんの場面を考えてみよう。じゃんけんは、勝つこともあるし負けることもあるし、またあいこのこともある。ふだんあまり意識することはないが、私たちは、じゃんけんをするときに、勝つ、あいこ、負けるの三つのシナリオを用意している。

ところが、発達障害のある子どもは、しばしば負けたときのシナリオを持たずにじゃんけんをしている。だから、負けた途端シナリオを失ってしまうのだ。私たちには、負けたときに、たとえば「残念！」といってあきらめるシナリオがあるのだが、この子たちにはそれがないのである。行く手にシナリオを失った子どもは、パニックを起こすしかなくなる。

2）負けるシナリオにそって行動する練習

発達障害のある子どもには、負けたときのシナリオを作るとともに、それにそって行動する練習をさせないといけない。

とはいえ、ふだんの生活では、勝つシナリオが強すぎて、負けのシナリオを提示してもなかなか受け入れられない。そこで、「プレイ」のような、「形式」の決まった活動を利用するのである。

いつもの「形式」にそって活動が展開する「プレイ」は、子どもが安心して身をあずけられる場である。そういう場だからこそ、子どもは「負けるシナリオ」にチャレンジできる。

エピソード①

| 負けても泣かない |

いつもの「プレイ」。3番目のメニューは、おすもうである。子どもたちは、1人ずつ担任の保育士と対戦する。伸也くんは、友だ

ちの勝ち負けが気になり，じっと見つめている。
　さて，いよいよ伸也くんの番。始める前に，「負けても泣かない」と書いたホワイトボードを担任といっしょに読むのだが，負ける気などさらさらない。
　思い切り押してくる伸也くん。しかし今日は，先生が勝つ日なのだ。マットの上に投げられると，顔色が急変し，いまにも怒り出しそうである。すかさず担任は，「伸也くん怒っていないよ。すごい。」と声をかける。そして，すぐにさきほどのホワイトボードを取り出し，花丸を描く。
　「負けても泣かない」の文字を，じっと見つめる伸也くんだった。負けたときのシナリオに沿って行動する練習である。

エピソード②

強いコニーとするんだ

　1週間後のこと，「プレイ」が始まる前に，「今日は，おすもうをしよう」と誘った。「いやだ，したくない」と答える伸也くん，「負ける練習」がしたくないのだ。
　スケジュールボードに，「おすもう」のカードを貼るが，なかなか座らない。「負けても泣かないねって，ほめてあげようかな」と声をかけても，まだうろうろ歩き回っている。そこで最後の一手。「今日は，伸也くん，プレイをしないのね」と，プレイボードの顔写真をはずそうとしたところ，やっと座った。
　いつものように，メニューの3番目がおすもうである。この日は，対戦相手を「プレイ」に立ち会っている3人の保育士から選べるこ

> とにした。顔写真を見せ,「どの先生を選んでもいいよ」と言うと,しばらく考えた末に伸也くんは,「今日は,強いコニー(担任のニックネーム)とするんだ」と答えた。
> 　負けることが分かっての挑戦である。もちろん,結果は伸也くんの負け。にもかかわらず,何も言わずに自分の席に戻った伸也くん。「すごい,伸也くん」,彼の挑戦に拍手喝采だった。
> 　「負けるシナリオ」がもてると,勝ちにこだわる必要がなくなるのだ。

5. 子ども同士がかかわる媒介をつくる

　「プレイ」のねらいとして欠かせないのは,周りの子どもとかかわりをもてるようにすることである。「プレイ」では,「いつもの活動」が繰り返される。発達障害のある子どもは,それを媒介として,周りの子どもたちとかかわる喜びを知るようになる。

　さらに,そのような媒介をもつことができれば,今度は,「プレイ」を離れた場面でも,子ども同士のかかわりがもてるようになる。それまで,「備品」にすぎなかったクラスの子どもたちが,一緒に過ごすと楽しい「お友だち」になるのである。

　発達障害のある子たちは,こういうプロセスを経てようやく,周りの子どもとの関係がとりもてるようになる。「プレイ」のような手だてをとることなしに,単に「慣れる」ことで人とのかかわりを作ろうとするのは,ひどく無謀である。このあたりの事情を,次の第6章では取りあげたい。

> **実践の息づかい**
>
> ### 友だちを意識する
>
> 　毎日プレイを続けて，2年が過ぎようというある日。プレイを始めようとすると，祐介くんは隣の子が奇声をあげているのを見て，その子の口をふさいでいる。そういえば最近，プレイを待つ間に子どもたちに渡してある絵本も，ほかの子のをのぞきこんで一緒に見ている。ほとんど発語のない祐介くんだが，なんともほほえましい。
>
> 　プレイの形式が定着し，安心して活動する場ができると，子ども同士のつながりが芽生えてくる。

第6章
集団における保育の手だて（2）
クラスでできる保育の手だて

　第6章では，クラスの中でできる保育の手だてを取り上げる。
　第5章の最後でも少し触れたが，手だてのない統合保育は，子どもにとって得るものがないどころか，かえって害になる可能性がある。「慣れるまで，様子をみましょう」「集団の中で子どもとかかわらせたい」といった安易な期待によって，どれだけたくさんの子どもたちが辛い思いをしてきたことか。
　もちろん，大きな集団で保育すること自体を否定しているのではない。そこに適切な手だてがないまま，あるいは相変わらずの「付き人支援」でいることがいけないのである。
　では，どのような支援がありうるのか。ここでは，一般のクラスで発達障害のある子どもを育てるときの基本的な考え方を示すとともに，保育場面ごとに支援の実例を紹介していきたい。

I　発達障害のある子どもが育つクラスをつくる

1．個への配慮の基本

1）その子の土俵を作る

　今ある集団に「慣れる」ことを，発達障害のある子どもに求めるのはもうやめよう。「慣れる」というのは，いわば他人の土俵で相撲をとるようなもの。この子たちにとって，それは，とても難易度の高い課題なのだ。

　保育者がすべきことは，まず，この子たちが安心して乗ることのできる土俵を作ることである。よく，「無理をさせないようにしましょう」という話を聞くが，それだけでは子どもの「困り感」はなくせない。こういう場でなら，ぼく／私は楽しく過ごせるという，その子に合った土俵を作りたいのだ。

エピソード

　　　ドッジボール楽しかったよ

　朝の遊び時間，大勢でドッジボールをするときには，なかなか入れない純也くんである。

　ある日，給食の後に，6人でドッジボールをした。担任もいっしょである。ルールも分かっているようで，純也くんは生き生きと遊べた。その日家に帰って，「ドッジボールが楽しかった」と話したのだそうだ。

> 　人数が少ないと，ボールが当たる怖さも半減する。また，園庭には純也くんたちしかいなかったので，一人ひとりの動きが見やすかったのかもしれない。
>
> 　少人数のドッジボールは，純也くんの土俵だった。朝のドッジボールは，他人の土俵。いきなりそこに参入するのは，純也くんでなくても勇気がいる。

2）子ども同士がかかわる媒介を用意する

　子ども同士がかかわりをもつためには，子どもと子どもとをつなぐ「媒介」が必要である。

　発達障害のある子には，その子の土俵上で，周りの子どもと接点をもつための「媒介」を用意してあげたい。さきほどのドッジボールも，「媒介」の一つである。

エピソード

砂遊びを媒介にして

> 　砂の入ったバケツを，大切にそうに鉄棒の前に置いている梨花ちゃん。友だちの愛ちゃんがくれたものだ。「愛ちゃんが，さらさらの砂をもってきてくれたの」と，梨花ちゃんはうれしそうだ。
>
> 　そこへ今度は，別の友だちが，梨花ちゃんのために砂だんごを作ってきてくれた。梨花ちゃんの好きな砂遊びを媒介にして，周りの子どもたちがかかわりをもとうとしている。
>
> 　3年間いっしょに過ごしてきたクラスである。梨花ちゃんと遊ぶための，たくさんの媒介が蓄積されていた。

2．クラス経営の基本

クラス経営の基本となることがらを，いくつかあげよう。

1）発達障害のある子どもにさせたいことは，クラス全体で取り組む

第一に，発達障害のある子どもにさせたいことは，クラス全体で取り組むこと。

理由は，単純である。発達障害のある子どもにだけ指示や注意を繰り返すと，たとえ幼児であっても，「なんでぼく／私だけが言われるの？」と，反発するようになるからだ。この子たちに限らず，だれだって自分だけがあれこれ言われるのは嫌である。

にもかかわらず，思うように動いてくれない子どもを前に，大人はついつい口やかましく言ってしまう。子どもとの関係は，ますます悪くなる。

そのようなときには，ぜひ，その子にさせたいことを，クラス全体で取り組んでほしい。できていない子は，ほかにもたくさんいるはずだ。

2）「ニュートラル」な子どもを巻き込んだ集団づくり

第二は，「ニュートラル」な子どもに関する問題である。

クラスには，周りの動きに流されやすい「ニュートラル」な子どもがいる。この子たちは，しっかりとした集団の中では適切に振る舞えるのだが，反対に，集団づくりにちょっとしたスキがあると，たちまち安易な方向に流れてしまうのだ。

そんな「ニュートラル」な子どもたちへの対応をきちんとしておかないと，ことによっては保育室全体が騒然としてしまう。「ニュートラル」な子どもたちは，保育者が発達障害のある子どもに対して個別的なかかわりをもち続けると，同じように一対一の関係を求めるようになる。そ

して，それがかなわないと，保育者の気を引く行動や，勝手気ままな行動を繰り返すようになる。

そういった事態を回避するためには，ニュートラルな子どもたちを巻き込んだ，クラス全体の集団づくりに力を注ぐ必要がある。

> **エピソード**
>
> お部屋に入ったら，手を洗ってイスに座る
>
> 保育園の4歳児クラスである。
> このクラスでは，外遊びから帰ってすることが決められている。手を洗って，イスに座る。これだけのことだ。保育者がいなくても，子どもたちはてきぱきと動いている。
> クラスの人数が多いので，全員が準備できるまで，好きな音楽をかけて待つことになっている。担任は，その間，最後までクラスに入れない子たちに声をかけていたが，その子たちも，徐々に周りの動きについてくるようになる。
> クラスを預かる保育者は，まず，全体の動きを作ることを優先させた方がいい。規律ある集団づくりが，何にも増して必要とされている。

3）けなげにがんばっている子どもたちをねぎらう

そして第三は，けなげにがんばっている子どもたちへの配慮である。

発達障害のある子どもをクラスで保育する場合，その子に手をかけることで，ともすると，周りの子どもへのかかわりが薄くなってしまいがちである。

クラスには，担任の期待を素直にくみ取り，あたりまえの日常を淡々とこなしている子たちがいる。この子たちには，それをきちんと評価し

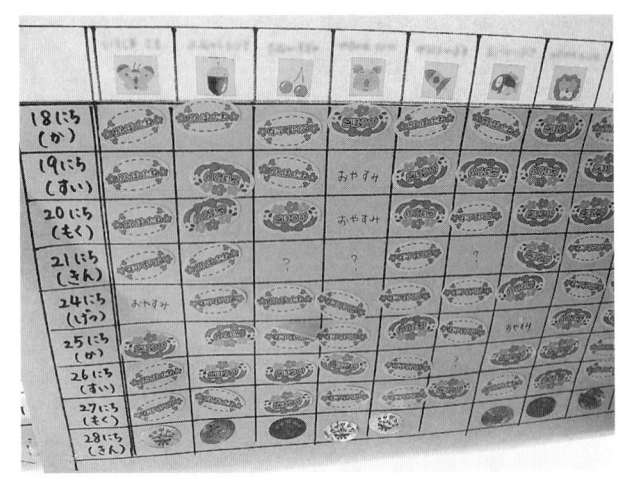

写真6-1 「あたりまえ」を，目に見える形で評価する
めあてを決め，できたらどの子もシールがもらえる。けなげに
がんばっている周りの子どもたちを認めてあげることも大切で
ある。

てあげたいのだ。

　そのためには，改めてその「あたりまえ」を，クラスの「規範」として示したい。そして，それを守ってがんばっている子どもたちを，目に見える形でねぎらってあげたいのだ（**写真6-1**）。

　クラスを預かる保育者に求められているのは，「先生に大事にされている」という実感が，どの子ももてる保育である。

4）保育のユニヴァーサルデザインを活用する

　第四は保育のユニヴァーサルデザインである。

　障害のある人たちに向けて作られた製品が，実はそうでない人たちにとっても使いやすいということがある。万人に使い勝手のいいデザイン，すなわちユニヴァーサルデザインである。

　ところで，保育にも，いわば「保育のユニヴァーサルデザイン」といったものがあっていい。発達障害のある子どもを支援するために考案され

た手だてが，周りの子どもたちにとっても分かりやすいということはいくらでもある。たとえば，以下のようなものである。

○1日の見通しを示す
　園生活のなかでもっとも見通しの立ちにくい活動は，日替わりでかわる設定保育である。朝のつどいのなかで，その日にすることを，イラストを入れながら細かく説明しておくといい。

○視覚支援を活用する
　定型発達の子どもでも，話を聞いただけでは保育者の意図を十分に受けとれないことがある。そんなときに，視覚支援を上手に使うと，思わぬ効果がある。視覚支援は，発達障害のある子どもによく使われる手法であるが，定型発達の子どもも，これがあると理解がしやすい。

○指示のことばは短く，明瞭に
　発達障害のある子どもには，「いま何を，どれだけして，終わったらどうするか」を端的に伝えるのがセオリーだが，それは，定型発達の子どもの場合も同じことである。長々とした説明は，定型発達の子どもにも分かりにくい。

○自分たちで動けるような工夫をする
　そうじの時間は，終わりを音楽で知らせる。担任のところに集まるときには，オルゴールのやさしい音楽を流す。チャイムのかわりである。部屋から離れていても聞こえる。
　ちょっとした手だてがあれば，一人ひとりが，自分で分かって動けるようになる。「集まるよ」という保育者のことばが少なくなる。

II 支援の具体例

1．朝や帰りの集い

1）活動に期待を持たせる

　朝の集い，帰りの集いでは，「プレイ」で紹介したような「形式」がほしい（**写真6-2①②**）。

　「プレイ」には，いつもの決まった展開があるから，発達障害のある子どもは，次のメニューを期待しながら参加することができる。それはちょうど，子どもが好きな絵本をめくっていくときと同じである。絵本には，たとえば，はじめにひよこさんが登場して，次にきつねさん，そして次をめくるとおおかみさん……といったように，繰り返しのパターンがある。子どもは，ページをめくるごとに，次に出てくる動物を期待しているのだ。

　朝や帰りの集まりにも，「プレイ」のように決まった「形式」を作っ

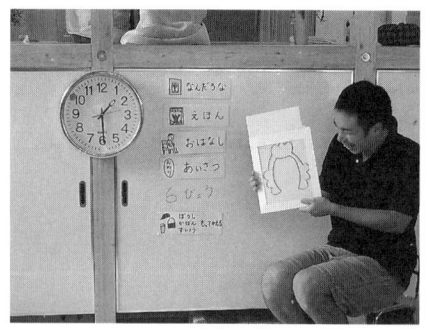

写真6-2①　帰りの集いのメニュー
「帰りの会のメニュー」を書いておく。「なんだろな？」「サザエさんでした」

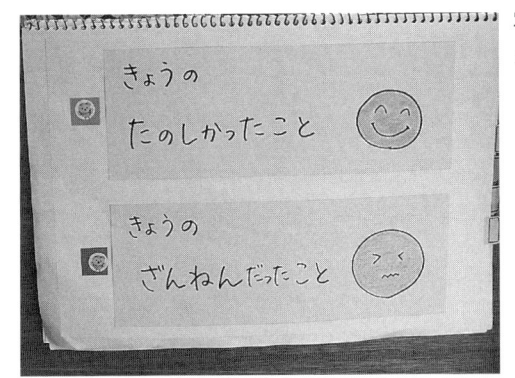

写真6-2②　帰りの集いのメニュー
スケッチブックを利用するのもいい。

ておけば，子どもたちはもっと参加しやすくなるはずだ。発達障害のある子どもが集団からはずれてしまうのは，この子たちが次のメニューを期待して待てるような展開になっていないからなのだ。

また集いの場面では，活動の展開が見て分かるように，活動内容を示したカードだけでも用意してあげるといい。周りの子どもたちにとっても，それはありがたい。

2）それでも参加しにくいときに

それでも参加するのが難しい子どもたちには，先ほどの「プレイ」のような活動を，朝の集いの時間帯だけでも設定してあげたらどうだろうか。

写真6-3は，「わくわくタイム」と名付けた活動のために用意したス

写真6-3　わくわくタイムのスペース
わくわくタイムとは，全体の活動に入りにくい子どものために設定した，小集団の活動である。朝の集いと並行して行っている。集団での振る舞い方をここで練習し，いずれ全体の活動に参加できるようにする。

ペースである。

活動の内容を，簡単に紹介しよう。

> **エピソード**
>
> わくわくタイム
>
> 　30人の5歳児クラスは，発達障害のある，あるいはその疑いのある子どもが数人いた。4月当初から，このクラスの朝の集いは，子どもたちが出たり入ったりと，落ち着かない日が続いた。
>
> 　保育者は，担任1人と，補助の保育者2人である。年度が替わった4月，年長になったこの子たちを1年間どう保育するか，保育者たちは知恵をしぼった。話し合いの結果，出された結論は，朝の集いに参加しにくい子どもたちのために，別メニューを用意することだった。
>
> 　「わくわくタイム」と名づけたその活動を，「わくわくルーム」と名づけた保育室で，補助の保育者が実施することにした。終わったらクラスの活動に合流するので，朝の集いのバイパスと考えてもらったらいい。
>
> 　活動の形式は，第5章で取り上げた「プレイ」とほぼ同じである。プレイボードには，その日のメニューを書いて知らせた。知的に高い子どもが多かったので，この子たちの好みそうなゲームも盛り込んだ。
>
> 　やっただけのことはあった。この形でなら，保育室を抜け出していた子どもたちも，参加できるようになった。

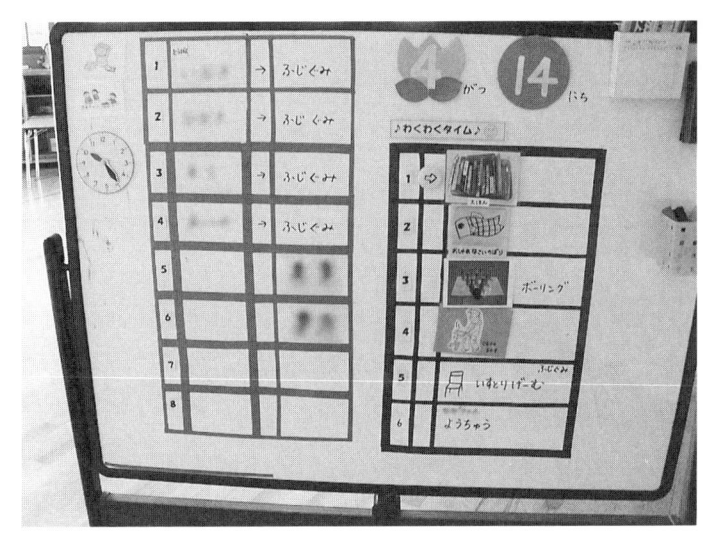

第 6 章　集団における保育の手だて（2）　109

写真6-4　わくわくタイムのプレイボード
活動のメニューが示された（右）。わくわくタイムが終わってから行く場所も，あらかじめ知らせておく（左）。

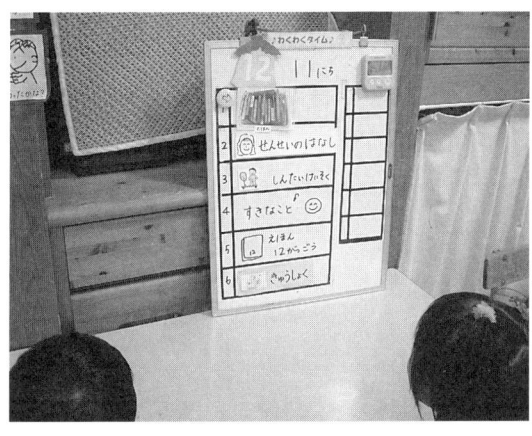

写真6-5　今日の予定を伝える
わくわくタイムのなかで，今日の予定を伝え，クラスに合流する。

　周りの子どもたちも，「わくわくタイム」に魅力を感じているようだった。しかし，「わくわくタイム」に参加できるのは，集いに入りにくい子どもに限定した。そのかわり，給食の時間には，週替わりで，グループごとにわくわくルームでの給食を楽しめるようにした。そんな取り決

めをすることで,「わくわくタイム」に行きたくてしかたのない子どもたちも,どうにか納得することができた。

>>> 実践の息づかい <<<

クラスの子どもたちと同じ活動をする場を設ける

　保育室から飛び出すと,別の保育者がかかわってくれて好きなことができる。これを繰り返すと,出ていくことが楽しくなってしまい,ますますクラスに入れなくなる。
　そうならないようにするためには,外に出るときでも,周りの子たちと同じような活動をする場を作りたい。「わくわくタイム」の活動は,そういう意図で設定した。
　クラスの子たちがイスに座って担任の話を聞いているのなら,「わくわくルーム」で同じ話を聞かせ,タイミングを見計らってクラスの設定保育に戻す。これなら,ほかの子どもたちも,「あの子だけいいな」と思わずにすむ。

2．給食前後の活動から

　給食前後の活動は,することが決まっているだけに,視覚支援を上手に活用するといい。
　ただし,何度も繰り返すが,カードで示せば子どもが動くようになると思わないでほしい。まずは,子どもの課題を精選し,それを伝えるために,必要に応じて視覚支援を利用するのである。

1）給食の準備をする

給食の準備。子どもたちの見やすい場所に手順表を掲示してあげたい。また、**写真6-6**のように、子どもの着席する位置に手順を示しておくと、より練習がしやすい。

2）いただきますを待つ

子どもによっては、いただきますカードを使う（第2章44ページ）。

たとえば、給食の前。食べ物に手が出てしまう子どもには、「まだ、食べてはいけない」ということを教えるよりも、「どうなったら食べてよいのか」を教えたほうが分かりやすい。「いただきますカード」が出たら食べてよい、反対にそれがないときには、まだ食べられないということを知らせるのである。

このような手だては、クラス全体でも使える。みんなでいただきますをするときに、画用紙大の「いただきますカード」を出してみたらどうだろうか。発達障害のある子は、周りの子どもたちがいただきますをしてから食べているということが、案外分かっていなかったりするのだ。

写真6-6 手順表を見やすくする
子どもの座る位置に手順表があると見やすい。

3）歯磨きをする

　図6-1は，給食を食べ終わって歯磨きをするまでの行動を支援するツールである。ユニヴァーサルデザインの一つである。

　ボードの左端には，子どもに人気のおすしが貼ってある。給食を食べて，歯磨きをした子どもは，好みのおすしのところに，自分の顔写真を貼れることになっている。どのおすしにも，枠は4つしかないので，人気のあるおすし枠には子どもが殺到し，早くしないと埋まってしまうという仕組みだ。

　ところで，こうしたツールには「賞味期限」があって，子どもたちはすぐに飽きてしまう。そんなときには，ちょっと目先を変える。たとえば，新聞の折り込みチラシにあるキャラクター玩具の写真を切り取って，おすしの替わりにボードに貼ると，子どもたちは大喜びだ。

図6-1　歯磨きボード
歯磨きをすませた子どもは，好きなおすしのところに自分の顔写真を貼ることができる。

第 6 章　集団における保育の手だて（2）　113

4）着替えてひるねの準備へ

　次は，昼寝前の着替え。支援のヒントを，三つ紹介しよう。

　一つは，着替えのコーナーをつくること。定着してきたら，あるいは季節ごとに，コーナーの模様替えをするといいだろう（**写真 6-7**）。

　二つめは，子どもに合わせた視覚支援である。手順表もそうだが，着替えのかごには，**写真 6-8** のように仕切りを作って，衣服を入れやすくする。脱ぐときと着るときと，かごの向きを反対にして子どもの前に置く。

写真6-7　着替えコーナー
着替えのスペースを用意する。「ここでは，てきぱきとパジャマに着替えましょう」という取り決めをしておきたい。

写真6-8　着替えのかご
着替えのかごを仕切った。着るときと脱ぐときの方向を決めておくといい。

そして三つめ、終わったらどうするかを示すこと。着替えの途中で、他のことに気が散って手が止まってしまう子どもがいる。そんな子どもには、着替えが終わった後に、少しだけ楽しいことを用意しておくといい。たとえば、昼寝前の絵本コーナーを用意し、「着替えた子どもはそこで待つ」といったふうに決めておく。これもまた、ユニヴァーサルデザインである。

3．「時間」を教える

1）時間の感覚

就学前の子どもであっても、「時間」を意識して行動する習慣をつけたい。写真6-9のように、かたづけの時間や給食の終わる時間を示す。時計を近くに掛けておくとなおいい。

また、時計を見る習慣をつけることで、たとえば虫を触りたくて仕方のない子どもに、「○時になったら、虫コーナーに行こうね」と言ってあげられる。「今はだめ」「あとにしなさい」と説得するばかりでなく、時間を手がかりに、行動を調整する練習をさせたいのだ。

2）ユニヴァーサルデザインとしてのスケジュール

スケジュールは、クラスのどの子にもあったほうがいい。ユニヴァーサルデザインとしてのスケジュールである。
クラスの子どもたちに向けたスケジュー

写真6-9　時間の感覚を養う
時間を気にする習慣は大切だ。

ルを用意するときも，作成の原則は，個別のスケジュールの場合と同じである。大切なポイントを，もう一度確認しておこう。

①スケジュールは，保育者や園の都合を伝えるために使ってはいけない。
②スケジュールは，子どもに必要な情報や楽しみを伝えるために使う。
③まずは，1コマから始める。
④スケジュールを示すカードには，子どもがすでにできていること，あるいは子どもの好きなことを書く。そうでないと，カードを見ても何をするのかが分からないし，したくないことばかりがカードに書かれると，子どもはカードに嫌悪感を抱くようになる。
⑤はじめは，保育者がカードを操作する。

ざっとこんなところである。
　たとえば，**写真6-10**。子どもが登園すると，保育室の入り口には，「きょうは，パネルシアターがあるよ」と書いたボードが置いてあった。子どもに楽しみを伝えるための，1コマのスケジュールと考えてもらったらいい。スケジュールは，こんなところから取り入れてほしい。

写真6-10　1コマスケジュール
今日の楽しみを伝える。

こうしていくうちに子どもは,「先生,今日は何をするの」と,その日にどんな楽しいことがあるのかを聞きに来るようになる。そんなときに,「今日はね,これをしてこれをして……」と,1日のスケジュールを書いてあげたらいい(写真6-11)。

　もちろん,スケジュールには,子どもが経験したことのないことを書く場合もある。

　たとえば,歯科検診。「痛くないから大丈夫だよ」と,することを別のボードに書いて知らせてあげたらいい(写真6-12)。シナリオがあれば,不安を感じやすい子どもでも,なんとか対処できるのだ。

　1週間のスケジュールに発展させる場合も,ポイントは同じだ。明日も楽しいことがあるということを,子どもに伝えるのである。(写真6-13)

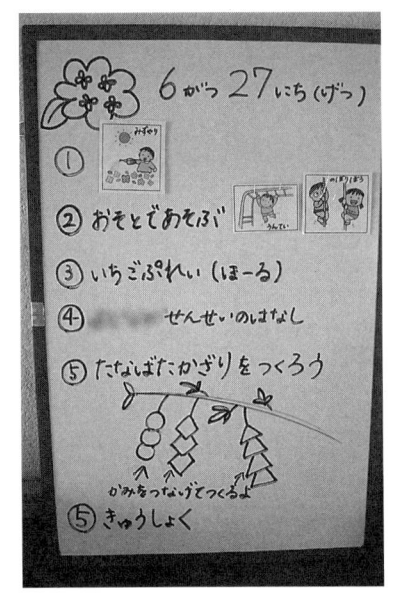

写真6-11　1日のスケジュール
今日も楽しいことがいっぱいだ。

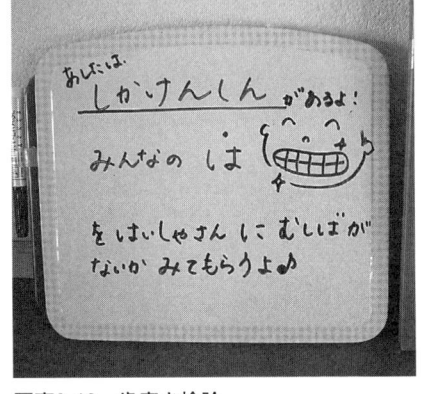

写真6-12　歯磨き検診
ボードに書きながら,検診のシナリオを作ってあげる。

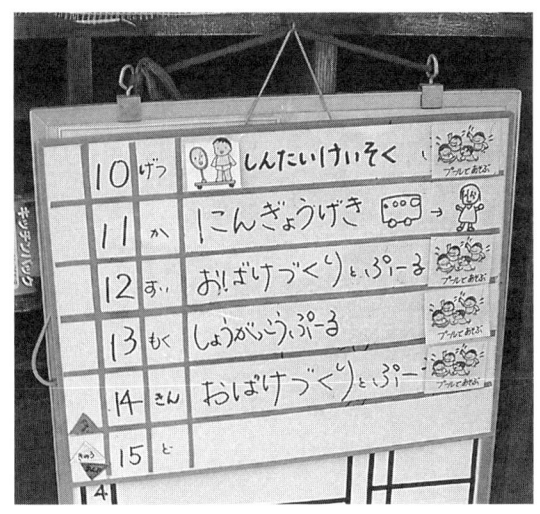

第6章　集団における保育の手だて（2）　117

写真6-13　1週間のスケジュール
毎日，楽しいことがいっぱいだ。

4．好きな遊びをする

「好きな活動を選んで遊ぶ」時間は，発達障害のある子どもにとって，もっとも過ごしにくい時間の一つである。

この時間帯には，ぜひ，子どもが安心して過ごせる場所を用意してあ

写真6-14　むしコーナー
テラスに作った「虫のおうち」。

写真6-15　むしコーナーは「おやすみ」
集いで部屋に入る時間なので，今は「おやすみ」だ。

写真6-16① ボーリング　　　　　　　写真6-16② ボーリング
ホワイトボードに名前を書き込み，ボールを投げる順番を決めていた。

げてほしい。写真6-14，15は，虫の好きな子どものために作った，「むしのおうち」である。子どもたちは，ここで思う存分虫と遊べる。こういう特別な場所だから，生き物を大切にすることも教えやすい。

　一方，室内では，ボーリングコーナーを作った。すでに，朝の集いや「わくわくタイム」などの活動でツールの使い方を学んでいる子どもたちは，ふだんの遊びの中でも，自分たちでホワイトボードに名前を書き込みながら，ボールを投げる順番を決めていた（写真6-16）。

　また，外遊びでは，園庭に子どもが楽しめる仕組みを作る。写真6-17①は，園庭に設定したサーキットの手順表である。

　はじめて参加する子どもには，サーキットの一部だけをさせてみる。何をするのか分からない子どもを，いきなりスタート地点に連れていったら混乱するだけだからだ。する前の説明もさることながら，一度経験してから今した活動を振り返らせると覚えが早い。

　一巡りするごとにスタンプを押す（写真6-17②）。スタンプ10個で，シールがもらえる。

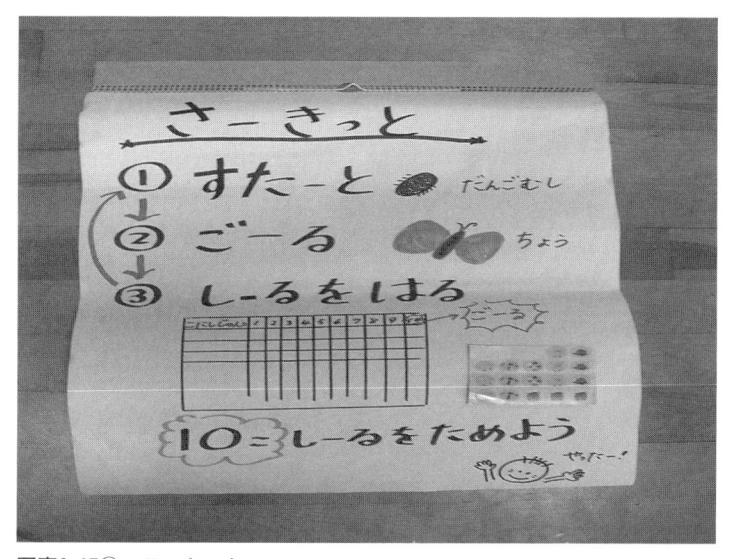

第6章　集団における保育の手だて（2）　119

写真6-17①　サーキット
園庭に設定したサーキットの手順表

写真6-17②　サーキット
一巡りするごとにスタンプを押す。

5．制作活動

　発達障害のある子どもたちは，段取りよくものごとを進めるのがとても苦手である。

　したがって，制作活動などをする前には，どんな道具を使って，何をどのように作ったらいいのかということが子どもにイメージできるような手順書を作ってあげたい。もちろん，周りの子どもたちにも，簡単なものでいいので作ってあげよう（図6-2）。

　また，第2章（40ページ）で解説したような，ちょっとしたワークシステムを組んであげると，作業のはかどらない子どもはとても助かる。

6．行事への参加

1）小さな行事から

　発達障害のある子どもは，したことのないことに対して，強い不安感を抱いている。とりわけ，何をするにもはじめてのことが多い幼児期，この子たちはたいそうな苦労を強いられている。

　行事に限らず，いつもと違う活動をするときには，あらかじめシナリオをつくって，リハーサルをしておくといい。その際大切なのは，シナリオの中に子どもが楽しみにできる内容をで

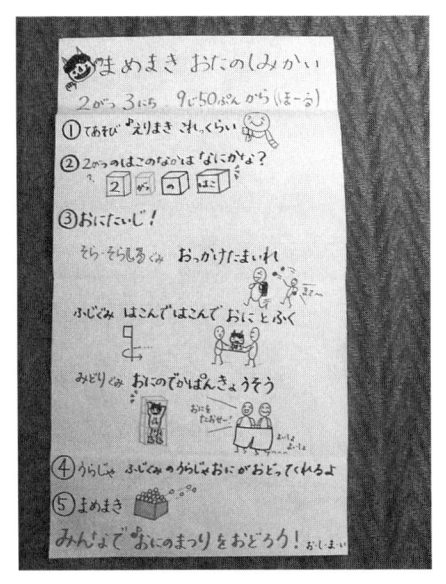

写真6-18　お楽しみ会のスケジュール
月に一度のお楽しみ会。季節に応じて，楽しいイベントを企画する。階段を上がった真正面に貼っておいた。

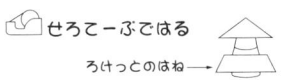

第6章　集団における保育の手だて（2）　121

図6-2　手順書

理解力の高い子どもには，手順書を作ってあげたい。あらかじめ準備してしまうのではなく，本人の前で説明をしながら書いてあげるとよい。

きるだけたくさん盛り込むことである。

写真6-18は、お楽しみ会の内容を、子どもに分かりやすく示したものである。また、模造紙には、バイキングのメニューを貼った（**写真6-19**）。

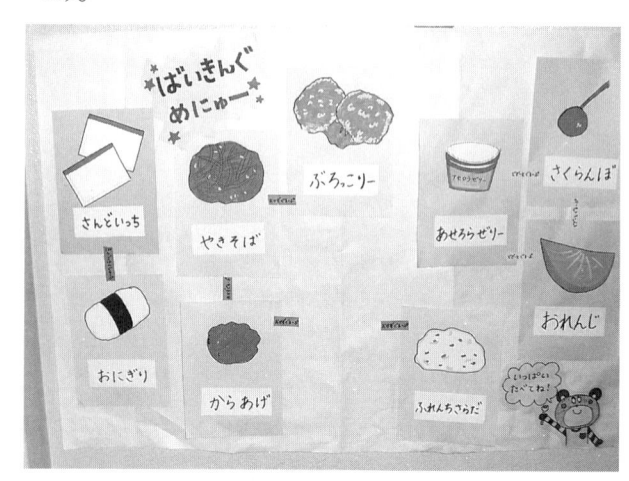

写真6-19　バイキングのメニュー
お楽しみ会のバイキングメニューである。こうして書いておくだけで、楽しげだ。

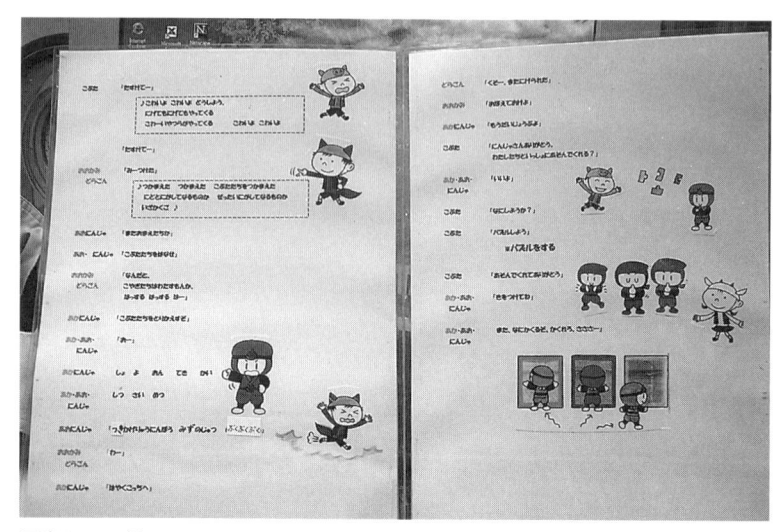

写真6-20　劇のシナリオ
シナリオを何度も読んで、個別に劇のリハーサルをした。

2）発表会

写真6-20は，発表会でする劇の台本である。

絵本が大好きなこの子には，長い全体練習に何度も参加させるのを避け，この台本を使って個別にリハーサルを試みた。何度も読み返し，シナリオがしっかり頭に入っていたため，本番では，驚くほど上手に参加できた。

また，歌や踊りを録音・録画して，ふだんから視聴させておくのもいい。

エピソード

カセットの効果

発表会で使う曲が決まった。担任は，カセットテープに録音し，一人ひとりの子どもに配った。

行き帰りの車の中で聞いてくる章ちゃんは，ある日，練習のときに台の上に立つと，「かぜになりたい……」と，急に歌いだした。章ちゃんにとってこのテープは，卒園したあと，「思い出のカセット」になるかもしれない。

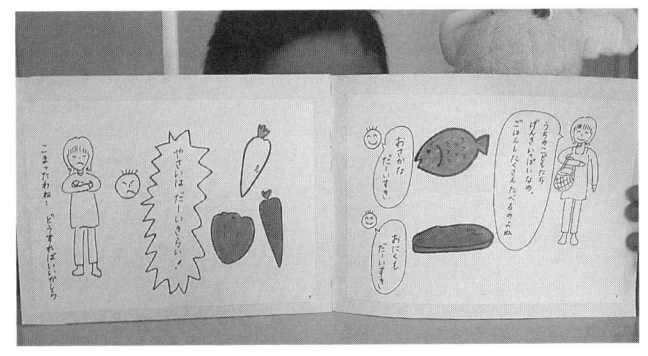

写真6-21　手作り絵本
他のクラスの劇の脚本を，絵本にしてあげた。

一方，他のクラスの演技を鑑賞することにもチャレンジさせたい。写真6-21は，他のクラスの劇の脚本をもとに作成した，手作り絵本である。繰り返し読んであげたところ，発表会当日，じっと舞台を見つめていた。

3）遠足

前もってシナリオを読んで行事に備えることは，学校に通うようになって，さらには大人になってからも必要とされるスキルである。行事というのは，この子たちにとって，したことのないことにチャレンジするための練習なのだと思ってほしい。

さて，そのシナリオだが，もちろんそれは，一方的に保育者の都合を伝えるものではなく，子ども自身が実際の場面をイメージできるものでないといけない。遠足ならば，行程のポイントごとに写真カードを作ってあげるのもいいだろう。写真を見ながら，どこで何をするのかという，遠足のイメージを作っておくのだ。

写真6-22①遠足プレイ
いつものプレイボードには，遠足のシナリオが書いてあった。

写真6-22②遠足プレイ
お弁当づくりをする。

　一方，写真だけでなく，「プレイ」の場を使ってリハーサルするのも効果的である。

　写真6-22は，クラスの子どもたちも交えた「遠足プレイ」である。いつもの「プレイ」の形式に，遠足のシナリオをのせる。誰と2人組になって歩くのか，途中でどんなことをするのかを，クラス全体でリハーサルした。
　このような「プレイ」は，遠足から帰ってからも続ける。というのも，帰ってきてからの方が，「遠足」がイメージしやすいからだ。「プレイ」による振り返りは，遠足の経験を定着させるために欠かせない。
　こうして「遠足」というものを，子どもの生活のレパートリーに組み込む。そうすることで，来年，そして小学校にあがってからも必ずやってくる遠足が，少しでも楽しめるようにしてあげたいのだ。

4）運動会

　運動会となると，どうしても保育者や園の都合が優先しがちになる。そうならないよう，子どもに合った運動会のシナリオを作り，リハーサルをしてあげたい。遠足のときと同様，「プレイ」の場を利用したリハーサルも効果的である（**写真6-23**）。手だてのないまま，何度も何度も周りの子どもと一緒に練習させるのはもうやめにしたい（**写真6-24①②**）。

　とはいえ，いきなり長いシナリオを子どもに覚えさせるのは無理である。はじめは，その子が，プログラムのどの部分だったら工夫しだいで参加できるのかを考える。

エピソード

短時間の部分練習から

　運動会の練習が始まって1週間。治樹くんは，なかなか入れない。

　その日担任は，「1ばん－はたのれんしゅう，2ばん－トーマスのぱずる」と紙に書いて，するかどうかを尋ねてみた。しばらく考えた治樹くんは，「大きい旗でする」と答えた。はじめての参加である。

　この様子を見ていた保育者たちのあいだでは，「治樹くんは，今のところ一つの競技がやっとなのかもしれませんね」「毎日，一つだけ頑張らせてみて，そのあとは好きな遊びをさせることにしましょう」といった話になった。

　その後，担任は，やれそうなことを一つずつ取り上げ，短時間だけ練習をさせた。努力の甲斐あって，この年，治樹くんはすべてのプログラムに参加することができた。

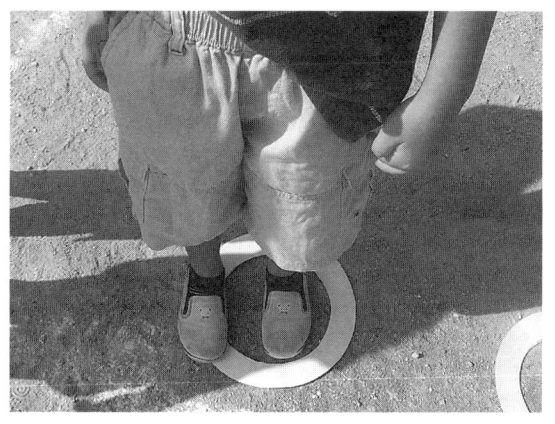

第 6 章　集団における保育の手だて（2）　127

写真6-24①　運動会で使えるツール
立つ位置を示すマーク。

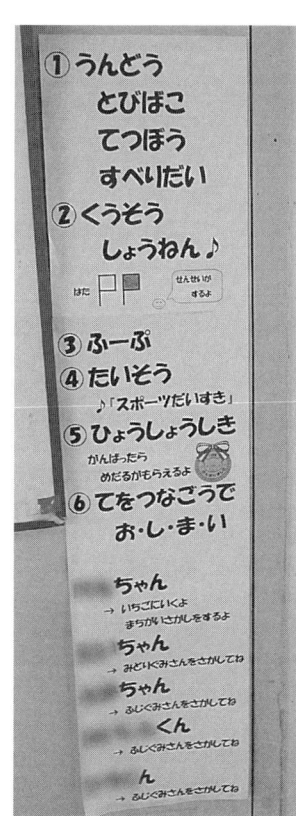

写真6-23　運動会プレイのメニュー
いつものプレイを，運動会仕立てにした。

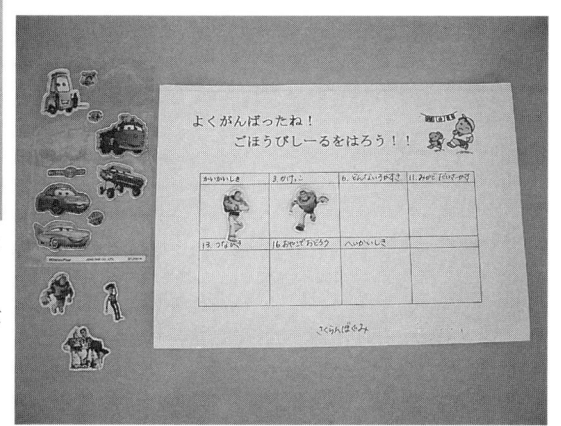

写真6-24②　運動会で使えるツール
競技が終わるごとにシールを貼る。

> 実践の息づかい

運動会の練習

　運動会のリズム練習。ホールで踊っていると，外に出ていってしまう子が数人いた。振り付けも決まり，ほかの子どもが覚えたころを見計らって参加させたのだが，なかなか入ろうとしない。

　そこで，隣接するテラスに，その子たちを含めた数人を呼んだ。ここなら，ホールで鳴っている音楽は聞こえつつ，大勢の子どもたちのがさがさした動きが気にならないですむ。少し早めに振りを示し，踊れる箇所を一つずつ作っていった。ほめると，とても嬉しそうだった。

　発達障害のある子は，全体練習のような場に身を置くと，どうやら周りの動きに翻弄されてしまうようなのだ。その点，少人数で，刺激の少ない場所を使って練習させると，モデルとなる対象に意識が向けやすくなる。もちろん，成果は格段にあがる。

第7章
保護者への支援

　第7章は，保護者支援がテーマである。保育園や幼稚園では，保護者支援に対する要請が，急激に高まっている。
　ところで，保護者支援には，保育者に相応の資質が求められる。少なくとも，これまでの経験にだけ頼っていては，十分な支援は難しい。
　本章では，はじめに，保護者支援の基本について，細かに解説する。ここがずれていると，何をしてもうまくいかない。
　続いて，実際にどういった支援が保育者に要求されているのかを検討しつつ，具体的な支援の手だてを紹介したい。
　そして最後に，子どものことで理解の得られにくい保護者への支援について考える。たしかに，多くの保育者がこの問題に直面している。しかし一方で，保護者のほうはといえば，その何倍も辛い思いをしているのだ。「親が認めない」などという言い方は，とても冷たく聞こえる。

I　保護者支援の基本

1．親の苦労

1）保育者が「たいへん」と言ってはいけない

　発達障害のある子どもをもつ保護者の思いというのは，一様には語れない。何年この仕事をしていても，そんな苦労があるのかと，まだまだ分かっていないことに気づかされる。保護者に向けて「たいへんですね」のひとことを発するのが躊躇されるくらい，「たいへん」の中身が，想像をはるかに超えていることもある。

　だから，保育者には，「この子のことでたいへんだ」などと安易に言ってほしくないのである。園に預けているとき以外，親はずっとこの子をみているのだ。休日は1日中。そして，夏休みともなれば，それが毎日続く。保育者がたいへんだと言ってしまったら，親はどうなるのだろうか。

2）見通しのもてない子育て

　子育てのことでは，ずっと悩んできた保護者である。自分でもどうしていいか分からないまま，周りからは大丈夫だとか，それはまずいとか言われる。それでも，結局，自分で育てなくて誰が育てるのか。思うように育ってくれないわが子を前に，焦っても仕方ないと思いながら，ついついいらだってしまう。

　きょうだいげんかの絶えない家庭も多い。ちょっとしたことで，トラブルになる。きょうだいだって，がまんを強いられている。親として，

どうしてやったらいいものか，途方に暮れる。

　しかも，こういう状態がいつまで続くのか。いったいこの子はちゃんと育ってくれるのか。普通に学校に行けるのか。大きくなって，親が歳をとったらどうなってしまうのか。そこまで心配したらきりがない。いや，そこまでは，とても考えられない。

エピソード

保護者の当惑

　園生活に対する不安を抱えているのは，子どもだけでない。診断を受けて間もない親たちは，先のみえない子育てに，当惑しきっている。

　初めての親子遠足。愛ちゃんのお母さんは，パニックになったわが子の手をひき，タクシーで帰ることになった。どんな思いで帰ったのだろうか。

2．保護者を悲しませないで

1）保護者は弱い立場にあるということを認識する

　保育園や幼稚園は，子どもの受け入れを拒むことだってありうる。しかし，保護者は，この園にお願いするしかないのである。断られてしまったら，保護者自身の生活が成りたたなくなることさえあるのだ。

　自分がその親だったらということを，常に考えてほしい。

2）はじめから協力を求めてはいけない

　子どもが園でうまくいっていないときに，はじめから，保護者に協力

を求めるのはやめよう。やっとの思いで入れた保育園や幼稚園で，わが子がうまくやれていないのである。その現実を受け止めるだけで，保護者は精一杯なのだ。

発達障害のある子どもを園で預かるときには，ひとまず，「園にお任せあれ」という姿勢で臨みたい。保育者がすべきことは，なにより，心配な保護者の気持ちに寄り添うことである。

実践の息づかい

「わたしに任せてください」ということば

「私に任せてください」障害のある子どもを担当して間もない頃，その子の親に向けて発したことばである。言ったその日から，必死で本を読んだ記憶がある。

自信満々で，「任せてください」と宣言できるわけがない。「任せてください」と言った後に，心をつくして保護者とつきあい，子どもとかかわる。身を引き締め，「元気」を出すのである。

この「元気」が親を安心させる。疲れきった保育者の顔を見て，保護者が安心できるはずがない。

3）保護者を傷つける言動は避ける

今日は大丈夫だったかと，毎日心配でしかたのない保護者である。それゆえ，保育者のちょっとした振る舞いや一言が，保護者をひどく悲しませる。

①一般的な子育て論は保護者を苦しめるだけ

　一般的な子育てのノウハウを伝えるのはやめてほしい。「もっと外で遊んであげなさい」とか「スキンシップが大事です」とか。

　保護者だって，そういうことは，分かっているけれどできないのである。公園に行けば小さい子を押し倒してしまい，スキンシップをとろうとすれば逃げだしてしまう。発達障害のある子どもの子育てには，常識的な子育て論が通用しないのだ。

　にもかかわらず，「子育て説法」を聞かされ続けた保護者は，やっぱり自分の育て方が悪いのかもしれないと，自らを責めるしかなくなる。

②障害についての判断をしてはいけない

　保育者は，子どもの障害について判断する立場にない。

　子どもの行動が気になるときに，「この子は，障害があるのではないか」などと，保護者の前で口にしてはいけない。逆に，保護者が子どもに障害があるかどうか心配しているときに，あるいは実際に診断が出ているにもかかわらず，「私は，障害だとは思わない」といった発言をするのもひかえてほしい。

③安易に保護者を呼び出してはいけない

　保育がうまくいっていないときに，安易に保護者を呼び出すのはまずい。

　よく，「うまくいっていない場面も，親に見てもらわないといけない」といった保育者の話を聞くことがあるが，簡単にそういうことを言ってほしくないのだ。

　もっといい保育のやり方があるかもしれないのに，わざわざ子どもが混乱する状況を作っておいて，それを保護者に見せるというのは，あまりにむごい。保育者にそのつもりはなくても，結果的に保護者を悲しませるようなことをしてはいけない。

　保育者には，いささかきびしい言い方になってしまったが，どんなと

きにも保護者の立場に立つことを忘れないでほしい。

　④ことばは慎重に――がっかりさせることば，悲しませることばを使わない

　禁句ともいえる，四つのことばがある。

　すなわち，「困っています」「どうしていいか分からないので，専門家に聞いてきてください」「他の子どももいるので」，そして「忙しい」である。

　保育者が「困っている」と保護者に訴えたところで，保護者はどうすることもできない。あなたの子どものことで困っていると言われた親の気持ちを，どうか想像してみてほしい。保護者のほうも，担任に迷惑をかけていないか心配しているのだ。「困っています」という発言は，「はい，迷惑をかけてます」と答えるのと同じである。

　次に，「どうしていいか分からないので，専門家に聞いてきてください」。保育の手だてを考えるのは，保育者の仕事である。それを放棄するような言動は，慎まなくてはいけない。どうしても意見を求めたいときには，自ら専門機関を訪ねてほしい。

　そして，「他の子どももいるので」。このような分かりきった弁明は，保護者をがっかりさせるだけである。保護者だって，そのくらいのことは分かっている。園や保育者の都合ばかりを聞かされた保護者は，やりきれない気分になるのだ。

　最後に「忙しい」。「忙しくて，あなたの子どもどころではない」と言っているのと同じである。ついつい口をついて出てしまうことばではあるが，どうかそれを保護者の前で言わないでほしい。忙しいということばには，人をつきはなす冷たさがある。

II　保護者とともに子どもを育てる

1．相互参画

　「保護者とともに子どもを育てる」，これが，保育園や幼稚園における保護者支援のテーマである。このテーマに向き合うためのキーワードは，子どもをはさんだ，保護者と保育者との「相互参画」である。家庭での子育てに保育者が参画し，一方で，園の保育に保護者が参画する。こんな構想である。

　園のやり方が先にあって，そこに「保護者の協力を得る」という従来の構図では，保護者とのコラボレーションは困難である。「相互参画」によって，子どもはもちろん，保護者と保育者とがともに育ち合える関係を築いていきたいのだ。

2．子育てへの参画

1）園でできたことを家庭でもできるように

　家庭支援の第一歩は，家庭でできそうな子育てのヒントを提供することである。園で成功した手だてを，上手にアレンジして保護者に伝えるのもいいだろう。

　たとえば，**写真7-1①②③**の「カタログ絵本」。食品のカタログをめくって見ていた子どもに，作ってあげた。保育園では，これを渡すとしばらく座ることができたので，家庭用にも作ってみたところ，病院の待ち時間などで使えたという。

写真7-1①　商品カタログ
「おかめ納豆」が大好きなので，じっと見ている。

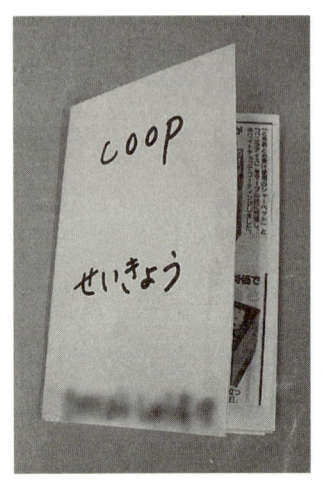

写真7-1②　カタログ絵本
持ち歩きができるよう小型化してあるので，病院に出かけたときや運動会の待ち時間にも使える。

写真7-1③　カタログ絵本
商品カタログの中からお気に入りの写真を切り貼りして作った手作り絵本。

図7-1　ふれあい遊びカード
カードを渡すと，好きなふれあい遊びをしてもらえる。園でのクリスマス会で，サンタさんからプレゼントしてもらった。家に帰り，さっそくお父さんとお母さんにしてもらった。

　また，**図7-1**は，保育園の「プレイ」で使っていたカードである。これを示すと，「たかいたかい」「ひこうき」などのふれあい遊びがしてもらえる。保育者は，これをクリスマスプレゼントとして，子どもたちに渡した。

　子どもに発達障害があると，毎日いっしょにいる親でさえ，かかわりの難しさを感じることがある。子どもが望むことをしてあげようにも，なかなかこっちを向いてくれない。よかれと思ってしてあげたことも，反応はいまひとつ。

　そんな保護者には，このカードが子どもとかかわる媒介になった。カードを親に渡すと，子どもは，園でしたのと同じようにふれあい遊びをしてもらえた。子どもは大喜びだ。そして親も，「子どもが喜ぶ顔を久しぶりに見ました」と話してくれた。

> ### エピソード
>
> **キッチンタイマーで**
>
> 遊びがやめられず，夕食が食べられなかったり，お風呂に入れなかったりする健人くん。
>
> 園では，キッチンタイマーを使って「はじめ」と「おわり」を知らせている。たとえば，紙に「①あそぶ……かぶとむしのおうち，ピッピッでおしまい，②ごはん，③あそぶ……また，かぶとむしのおうちであそべるよ」と書いて，タイマーをセットする。これでスムースに動ける。
>
> ある日お母さんは，保育園の帰りに，キッチンタイマーを買いに行く約束をした。安売りの商品を買おうとしたところ，健人くんは，園と同じタイマーをほしがった。
>
> 願いをきいてもらった健人くんは，帰宅するなり，自分から「タイマーをして」といった。もちろん，音が鳴るとすぐに遊びをやめて次の行動に移った。こんなに変われるわが子を見て，母親は目を丸くした。

2）家庭でのようすを知る

それぞれの家庭にあった支援をするためには，家庭での生活のようすを細かく把握しておく必要がある。

その際，簡単なシートを作成するといい。シートを作成する意図は，三つある。

一つめは，なにより，家庭での子どものようすを保育者がよく知ること。

二つめは，保護者との話し合いを効率よく行うためである。シートに

書き出したものを見ながらやりとりをすると，話がとても進めやすい。ぜひ試してみてほしい。

そして三つめ。シート上に情報を集約することで，情報伝達がしやすくなる。職員間の連携，さらには，就学先への引き継ぎにも使える。

それでは，実際に活用しているシートを，いくつか紹介しよう。

◎１日の生活チェック表（表７−１）

平日と休日とに分けて，子どもが家でどのような生活をしているのかを表にする。保護者に書いてもらってもいいし，聞き取りながら書き出してもいい。

時間を追って，場面ごとに子どもの行動を記入する。あわせて，差し障りのない範囲で，家族の動きも書き込む。きょうだいが帰宅したとたんに家が騒々しくなるとか，お父さんの帰りが毎日遅くて，これではお母さんが煮詰まってしまうとか。シートに書き出しながらこんな話をしてみよう。ふだんのやりとりでは見えてこなかった日々の光景が，ありありと目に浮かんでくる。１週間分ぐらいシートを集めてみると，家庭での子どものようすがあらかたつかめる。

一方，子どものこともさることながら，保護者自身が生活をどう切り盛りするかという問題の方が切実だったりする。もちろん，保育者は，保護者の生活そのものに直接的なバックアップをすることはできないのだが，子育てにかかわることで，少しでも保護者が楽になれる手だてを提案してあげたいのだ。朝のばたばたする時間帯をもう少しうまく段取りできないものか，きょうだいにどのように時間差をつけてかかわってあげたらいいか。そんなことをいっしょに考えてあげたら，親はとても助かる。今の時代，こういうことを相談できる人が，いそうでいないのである。

表7-1　1日の生活チェック表（休日用）

どのようにしたら，子どもが家庭で過ごしやすくなるのかを，保護者とともに考えたい。
シートの右には子どもの課題を優先順位をつけて書いておく。

年　月　日　氏名

1日の生活記録			1日をふりかえって
時間	本人の動き	家族の動き	身につけさせたいこと・改善したいこと
0:00			
1:00			
2:00			
3:00			
4:00			
5:00			
6:00			
7:00			
8:00			
9:00			
10:00			
11:00			
12:00			
13:00			
14:00			
15:00			
16:00			
17:00			
18:00			
19:00			
20:00			
21:00			
22:00			
23:00			

> **エピソード**
>
> 朝の用意がなかなかできない
>
> 　就学を間近に控えた美穂ちゃん。朝起きて，着替えをするのにひどく時間がかかる。お母さんから話を聞いてみると，どうやら服を選ぶのに手間取っているようだった。
>
> 　そこで，保育者は，三つの提案をした。
>
> ①前日に服を選んでおく。
> ②「サービス」といって，ときどき着替えを手伝ってあげる。
> ③学校に行く準備ということで，少し早めに起きるようにする。
>
> 　さっそくやってみたところ，見事に成功した。親だって，ときには何をどう教えていいか分からなくなることがある。どこでうまくいっていないのかをチェックしながら，解決の手だてをいっしょに考えてあげたい。

◎生活スキルチェック

　表7-2は，子どもの生活スキルを細かくチェックするためのシートである。項目には，子どもが思春期を迎えたときに困らないようにという視点にたち，今のうちから練習しておきたい課題を取り上げた。

　子育ての感覚は，保護者によってずいぶん違っている。食事のしかた，お風呂の入り方，寝る時間や寝るまでの時間の過ごし方など，家庭によってさまざまである。それでも，定型発達の子どもたちは，社会との接点をもつようになるにつれ，一般的に許容される範囲内の生活習慣をおのずと身につけていく。

表7-2　生活スキ

年　　月　　歳　　氏名

フリーの時間	一人で機嫌よく遊べる		△
	きょうだいと遊べる		
	一ヵ所で落ち着いて遊ぶ		○
	家から勝手に出ない		○
	大人が見ていなくても安全に過ごせる		○
	遊んでいて切り替えができる		○
	手伝いができる		△

メモ
○一人で機嫌よく遊べることもあるが，夕食などを作っている時に関わりを求めてくる。「後で遊んであげる」と言ってもしつこくまたそばによってくる。機嫌よく遊べる時は，絵本／DVDを見たり，人形遊びをしている時で，遊びの時間は30分程である。

○手伝いは，タオルをたたませているが最近飽きてきている。

食事	好きな食べ物	白飯，肉類	
	嫌いな食べ物	納豆，果物	
	食事の量は適量である		△
	好き嫌いがほとんどない		×
	きちんと噛んで食べる		○
	手づかみで食べない（箸・フォーク・スプーンを使う）		○
	「いただきます」の挨拶まで待てる		○
	食事の途中でやたら席を立たない		△
	人のものをとって食べない		○
	こぼさないで食べる		×
	配膳・片づけの手伝いをする		△

○嫌いなものは「嫌い」とはっきり言えるようになる。濃い味付けがきらい。
○食事の量は少なめ。
　↓
　食べられるものが少ないので外食できる場所が限られてくる。
○「おなかが痛い」と席を立つことがある。

○不注意で，こぼすことが多い。こぼすと父親が怒る。

○食べ終わった後の食器を片づけている。

入浴	誰とお風呂に入る？（　　　）		
	お風呂を嫌がらない		○
	自分で体をこする		△
	自分で体を拭く		△

○子ども用のスポンジを使っている。

着脱	靴下を	はく	○
		脱ぐ	○
	服を	着る	○
		脱ぐ	○
	ズボンを	はく	○
		脱ぐ	○
	ボタンを	はずす	○
		はめる	○
	服の前後がわかる		○
	服の裏返しをなおす		△
	服をたたむ		△

○パンツ・長ズボンの裏返しは，言えばいやいやする。

○服はたためるが，脱ぎ散らかす。

ルチェック

　保護者といっしょに項目を読んでいく。単にチェックをするだけでなく、「こういうことは、今のうちに教えておかないと大きくなって子どもが困る」ということも伝える。これをもとに、子どもにつけたい力と、具体的な支援方法を書き出す。

身につけさせたいこと・改善したいこと	優先順位	具体的な支援の内容
フリーの時間 ○一人で機嫌よく遊んでほしい	①	・自立課題を家でも取り入れる。 ・最初は好きな遊びにいっしょにつきあってあげて、少しずつ一人で遊べるようにしていく。
○お手伝いをもう少ししてほしい。	②	・タオルたたみは飽きてきているので、ごほうびになるようなものを作る。（シール貼りなど） ・洗濯物の分類（父・母・本人の洗濯物を分けるだけ）など簡単にできるお手伝いを増やしていく。
食事 ○食べられるものを増やしたい	①	・偏食はあるが、一口は食べられるので、一口だけ食べることを続けていく。
○食事をもう少し早く食べてほしい	②	・食べる量がかなり少ないので、間食を減らしていく。
○こぼさないで食べてほしい	③	・食べる姿勢が悪く足や体がよく動くので、不注意でこぼしやすい。姿勢を正す練習から始めてみてはどうか。
入浴 ○少しずつ一人で体を洗えるようになってほしい。	①	・子ども用のスポンジは背中を洗うことができないので、タオルのようなもので背中をこすることも今後必要になってくる。当面は、洗いやすい場所を自分で洗えるようにしていく。 （お風呂で体を洗う手順書→プールの時に作った体を拭く手順書を渡す）
着脱 ○服の裏返しをなおしてほしい	①	・裏返しできたかな？というカードを置いておく。毎回、指示をしないように。
○決まったスペースで着替える	②	・着替えマットの上で着替える。園でもなかなかできない。 最初は広いスペースで……。だんだん狭く。そして、いずれは立って着替えられるようにしていきたい。

ところが、発達障害のある子どもの場合、なかなかそうはいかない。ズボンを全部降ろさないとおしっこができない子は、学校でもそうしていることが少なくない。また、小学校高学年になってもお母さんとお風呂に入っていることに、全く抵抗を感じない男の子もいる。親もこれがあたりまえになっているとすると、それでは具合が悪い。

トイレの不始末、食べこぼし、服装の乱れなど、改善するための手だてを、一つひとつ保護者といっしょに考えたい。その子が小学校高学年になったときに、周囲から冷たい視線を浴びせられないようにするためだ。熱心な保護者であっても、毎日の子育てに追われ、見落としていることが意外とあるものなのだ。

◎生活地図

シートの取り扱いには十分な配慮が必要だが、家の間取り図や、外出先の地図を作ってみるのもよい（図7-2）。

子どもの動きが手に取るように分かる。きょうだいがトラブルになるのは、狭い空間で動線が交錯しているからなのだということに気づく。

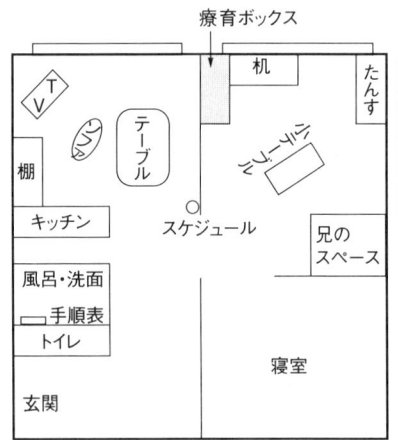

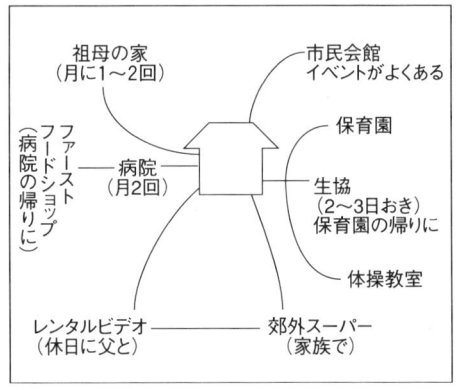

図7-2　生活地図
子どもの生活空間を絵にしてみる。

また，子どもの行動範囲が思ったより限定されていたり，逆に，一人で遠くのコンビニに行っていたということが判明したりする。子どもの生活空間をどう作っていったらいいか，保護者とともに検討したい。

◎人間関係地図（図7-3）

人間関係が固定されていると，子どももそうだが，親が煮詰まってしまう。

核家族で，周囲からの助けが得られず，親が1人で奮闘している家庭も多い。1日を通して，幼稚園の送り迎えでしか大人と会話を交わさなかったという保護者だっている。

子どもの話はもちろんだが，保護者自身の話し相手に保育者がなれるだろうか。

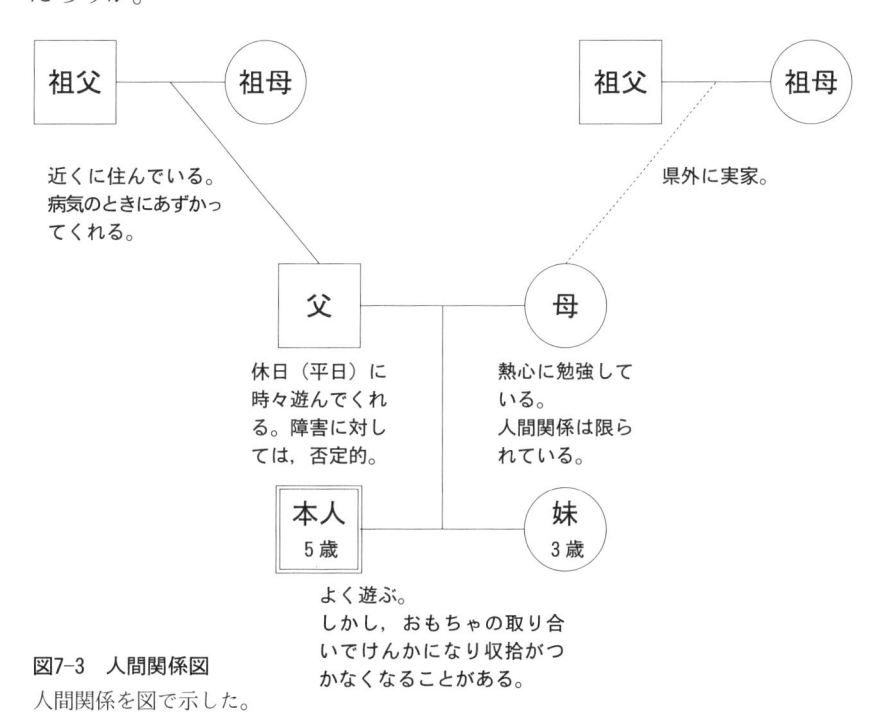

図7-3　人間関係図
人間関係を図で示した。

祖父　祖母
近くに住んでいる。病気のときにあずかってくれる。

祖父　祖母
県外に実家。

父
休日（平日）に時々遊んでくれる。障害に対しては，否定的。

母
熱心に勉強している。人間関係は限られている。

本人　5歳

妹　3歳

よく遊ぶ。
しかし，おもちゃの取り合いでけんかになり収拾がつかなくなることがある。

◎動機づけチェック表

　子育てには,「これがあれば,子どもが言うことをきいてくれる」というものがほしい。実際,子どもは,何らかの動機づけがないと行動をおこさない。簡単に言ってしまえば,見返りがないとなかなか動かないのである。

　そういうわけで,**図7-4**のように動機づけになりそうなものを,書き出してみるといい。また,めったに使ってはいけないが,どうしてもやめさせたいことがあるときに使う,子どもの「苦手なこと」もおさえておきたい。

エピソード

あたりまえの子育てが楽しめるように

　小学校に入学して,1学期の終業式。保育園時代の担任のもとに,写メールが届く。うれしそうにオレンジジュースを飲んでいる。「1学期は皆勤賞。ごほうびにファミレスでジュースを飲んでいるんです」とメールには書いてあった。
　ごほうびという意味が,子どもには伝わっていないかもしれない。とはいえ,こんなあたりまえの子育てを楽しめるようにすること,それが保護者支援のゴールなのかもしれない。

3．保育への参画

　保護者が,保育に「参画」するポイントは,二つある。一つは,保護者を交えたケース会を定期的に開催すること。もう一つは,保育に役立つツール(シート)を保護者と協働で作成することである。

第7章　保護者への支援　147

年　　月　　氏名　　　　　　　

―――――――――――――――――――――――――――
＜好きなもの，喜ぶこと＞
果物（特にイチゴ，スイカ）
トイ・ストーリー，ディズニーのＤＶＤをみること
トイ・ストーリーごっこ
砂場で遊ぶこと
お絵かき，字を書くこと
日本むかしばなしをよむこと，お話をすること

＜好きな人，一目置いている人＞
母，パパ，祖父母，祖母，ひーおばあちゃん，先生　♥
母親のいうことは比較的よくききます。
―――――――――――――――――――――――――――

―――――――――――――――――――――――――――
＜嫌いなもの・嫌がること＞
トイレへ行くこと
怒られること，「嫌い！！」という言葉
鼻をかむこと，耳かき，つめ切り
トマト・酢の物

＜苦手な人，怖がっている人＞
乱暴な男の子
―――――――――――――――――――――――――――

図7-4　動機づけチェック表
あらかじめ，動機づけになりそうなことを書き出しておく。

1）保護者を交えたケース会

ケース会は，保護者を交えて実施してほしい。保育者がよかれと思ってしたことでも，それが保護者の意向に沿わなければ，決していい結果をもたらさない。保護者とコミュニケーションをとるために，労を惜しんではいけない。

またケース会は，定期的に開くことが大切である。できれば月に一度，少なくともふた月に一度程度は必要である。時間的には，長続きさせるためにも，30分を目安にしたい。ともあれ，子どもが園でうまくいっていないときにだけ保護者に連絡をするというやり方は，もうやめたい。

なお，会には，担任とともに，主任や園長にも加わってもらうといい。園全体で子どもを育てたいという姿勢を，保護者に伝えるためだ。

2）支援ツールとしてのオーダーメイドマニュアル

保護者参画のもう一つのポイントは，ツールの作成である。ここでは，支援ツールとしてのオーダーメイドマニュアルを紹介しよう。

オーダーメイドマニュアルとは，その子用に作られた，その子と上手にかかわるためのヒント集である。

作り方は，簡単である。

まずは，その子とかかわりのある保育者が，日頃の保育場面で，うまくかかわれたエピソードだけを書き留める。図7-5のように，「こんな場面で，こんな手だてをしたら，子どもがこうした」ということさえ盛り込んであれば，書き方は問わない。一つのエピソードを，A4半分くらいの大きさの紙に書くといいだろう。

エピソードを寄せ集め，整理すると，ちょっとした「かかわりのヒント集」ができる。これが，オーダーメイドマニュアルだ。

オーダーメイドマニュアルを読んでいくと，「この子は，かかわりよ

場面	手立て	行動	要点
1日のスケジュールを朝，いっしょに決める。	・どこの場所でどのようなことをするのか，1こまずつ伝える。 ・わからないところを詳しく知らせる。	・わからないところは自分から尋ねる。 ・ひとりで動けることが多くなった。	スケジュール確認を，朝の日課にする。

図7-5　オーダーメイドマニュアルの例
うまくいった手だてだけを記録したオーダーメイドマニュアル。子どもと上手にかかわるためのヒント集である。

うによって，こんなすてきな一面を見せてくれる」ということに改めて気づかされる。肯定的な目で子どもを見てあげるだけで，子どもは劇的に変わることがあるのだ。私たちだって，相手から認められれば，がんばろうという気になれる。

　ところで，オーダーメイドマニュアルを作るときには，保護者にも参画してもらいたい。**図7-6**は，発達障害のある子どもをもつ保護者の勉強会を園で開き，そのときに書いてもらった家庭でのエピソードである。子育ての知恵がたくさんちりばめられていて，園の保育に役立つものばかりだった。

場面	手立て	行動	要点
保育園から帰ってだいぶ時間がたって、夕食前に冷蔵庫を「あけて」といい、あけるとジャムやバターなどを欲しがります。 「もうすぐ食事よ」といっても伝わらないし、できあがるまで時間がまだかかるときはやらないとかんしゃくを起こすので困ります。	フォークを出して、ジャムを少し取ってなめさせて「最後よ〜」といってあげます。もっとほしそうにしてると「ほんとに最後よ〜」といって口にもっていき、それでおわりにする。	「最後よ〜」でおわりの時もありますが、「ほんとに最後よ〜」というと、もうこのあとには要求しなくなりました。 ※「ほんとうに最後よ〜」は食べ物以外にビデオをくり返し見ているときも使います。やめてくれます。	おしまいのことばやサインを決めることが大切。

場面	手立て	行動	要点
夜，なかなか寝ようとしない	「夜早く寝て，朝早起きしないと，かしこい子ホルモンがでないんだって。かしこい子ホルモンがいっぱいでると，マジレンジャーみたいに強くて元気でかっこよくなれるんだよ」と話した。	「ボク，早寝早起するからかしこい子ホルモンが頭だけじゃなくて，体にもでてきたよ〜！」と夜にはわりとすんなり早くベッドに入るようになった。 朝，起きたときも「ボクかしこい子ホルモンがいっぱいになったよ！」とキゲンよく起きることが多くなった。	子どもを動かすキーワードを見つけましょう。

図7-6　家庭でのエピソードを保護者に書いてもらった
オーダーメイドマニュアルを作るときは，保護者にも参画してもらうといい。

> **実践の息づかい**
>
> ### 情報が多い中での子育て
>
> 　早期療育の重要性が強調されるなか，保護者は，子育ての合間に必死で情報を集め，勉強を続けている。そのため，最近では，このようにしてほしいという保護者からの要求も多い。できる限り受け入れていきたいと思う。その子に合ったものであれば，どんなやり方でもかまわないからである。
>
> 　その一方で，講演は聞いたものの，実際にどうしたらいいのか分からないと訴える保護者も少なくない。具体的な手だてを一緒に見つけていくためには，保護者以上に猛勉強しなくてはいけない。

Ⅲ　理解の得られにくい保護者への支援

1．うまくいかない原因を，保護者の子育てに求めてはいけない

　子どもが園でうまくいっていないときにいちばんしてはいけないことは，その原因を，安易に保護者の子育てに求めてしまうことである。そんな態度が保育者に見え隠れしている限り，保護者はけっして心を開いてくれない。子どものことで保護者の理解が得られないと保育者が嘆い

ている場合，実は，そんな状況に陥っていることがあるのだ。

　うまくいっていないときは，まず保育の側の問題をチェックしたい。園や保育者の都合が優先していないか。その子が楽しみにできるような活動が，ふだんの生活のなかに用意されているか。クラスからはずれてしまう子どもを引き込むための工夫があるか。やれることは，まだまだたくさんあるはずだ。

2．支援のポイント

1）「認定」「判定」という冷い響き

　小中学校などに特別支援教育の考え方が取り込まれてからというもの，保育の世界でも「発達障害」ということばが，あたりまえに流通するようになった。

　しかし，そのことが，ときとして保護者を追い込んでいるのだ。保護者を守らなくてはならないはずの保育者までが，「発達障害」ということばを知ったがために，保護者を悲しませてはいないだろうか。

　たとえば，「親が認めない」ということばの冷たさ。あるいは，「認定」が出たとか，「判定」がどうであったとか。こんな用語を，行政の担当者ならともかく，現場の保育者までが口にすることに違和感を感じるのは，筆者だけだろうか。「判定」や「認定」がないと保育ができないかのようなムードが漂い始めている。

2）時間をかける

　「発達障害」という概念は，社会的には，まだ十分に認知されていない。それゆえ，わが子が何かおかしいといわれても，そう簡単に受け入れられなくて当然なのだと思う。

　保護者とのコミュニケーションがしっくりしないときは，先を急いで

はいけない。理解を得るには，ともかく時間が必要である。それでは毎日子どもがかわいそうだと思うかもしれない。しかし，そこは園でカバーしたい。子どもは，園でしっかりみてあげたらいい。そうしながら，保護者とは，じっくりと付き合っていこう。互いに気心が知れて，子どもの話ができるようになるまで，1年や2年はかかるのである。

3）できる保護者ばかりではない──親にも生活がある

それでも，子育てに向き合える保護者ばかりではない。どうやっても，それが難しいという人もいるのだ。「親はこうあるべし」という考えは，捨て去りたい。

ならば，そういった保護者とのかかわりはどうしたらいいか。答は，一つである。親としての役目をいったん括弧に入れて，今ここを生きている生身の人間として，関係をとりもつのである。

人との関係の糸をつなぐためには，何より相手のすてきなところを見つける努力をしないといけない。私たちは，相手から悪く見られているときに，その人に対して心を開けるだろうか。自分に関心を寄せてくれて，がんばっていることをせめて一つでも認めてくれる相手がいてこそ，人は，ようやく重い口を開く気になるのではないか。「親が認めない」「保護者の協力が得られない」などと，保護者にネガティブな視線を注いでいては，事態はいつまでたっても好転しない。

3．専門機関

1）専門機関に行く理由

専門機関を訪ねてもらう理由は，子どもの「弱さ」を保護者が受け入れられるようにするためである。

子どもが活躍している姿は，親でなくても周りの人たちが認めてくれ

る。しかし、子どものしんどさ、そしてその背景にある、発達障害のある子どもに特有の「弱さ」というのは、よほどその子を知った人でない限り気づいてあげられないものなのだ。

　「弱さ」をありのままに受け止めてもらえる人が近くにいないと、この子たちはとても苦しい。そういうことでいえば、その子のいちばん近くにいる保護者こそが、子どもの「弱さ」の引き受け手であってほしいのである。

　園や学校に通ううちは、保育者や教師がその役を引き受けてあげられる。しかし、そのあとは、援軍がなくなってしまうのである。しかも、子どもの人生は、卒業後の方がはるかに長い。

　だからこそ、保護者には、子どもの「弱さ」を分かっていてもらいたいのだ。その手伝いをしてくれるのが、専門機関である。保護者に専門機関を勧めるときには、こんなふうに話してあげたい。

2）必ず保育者が一緒に

　保護者と保育者が、専門家の話を一緒に聞くことは、とても大切なことである。保護者が専門機関を訪ねるときには、必ず保育者も同行しよう。

　専門家の方も、保育園や幼稚園でのようすを、保育者から直接聞けると助かる。

3）診断が出た後は、ひたすら勉強を

　保護者を専門機関につないだからといって、それで安心してはいけない。スタートは、ここからだ。

　保護者を交えたケース会をはじめ、必要な支援体制はしっかり整えなくてはならない。そして、なにより、たくさんの勉強をしてほしい。学ぶための資料は、たくさんある。

第 8 章
保幼 - 小連携の実践

　保育園や幼稚園と学校との連携が，強く求められている。この問題を取りあげるにあたって，ここでは，二つの観点から話を展開してみようと思う。
　一つは，「連携」を問題にする以前に，保育園や幼稚園でしておくべきことが何なのかという観点である。組織同士で連携を図ろうという場合，どちらの組織も，互いにすべきことをきちんとしておかないと，「連携」どころではなくなる。
　もう一つの観点は，具体的な「連携」のあり方である。「連携」にかかわる実践の基本は，送り出す方と受け入れる方とが，相手をよく知ることである。そのためには，ともかく，互いに足を運ぶことである。

I 連携のいとぐち──子どもが学校に行って困らないように

1. 付き人支援

　保育者にとっては耳の痛い話を，少しだけさせてほしい。第3章でも少し触れた「付き人支援」の話である。

　多動がひどかったり，衝動性が激しかったりすると，どうしても誰か人がつかないと保育にならないという実情がある。ちょっと目を離すと，危ないことをしていたり，外に出ていってしまったり。ときには，周りの子どもを衝動的に突き倒してしまうこともある。たしかに，安全確保ということからも，人は必要である。

　さて問題は，何とか支援員に来てもらえたとして，それがいわば「付き人支援」になってしまう場合である。「付き人支援」とは，文字通り，支援員が付き人のごとく子どもについていくだけになっている状態をいう。支援員も，これでいいのかと迷いながらかかわっている。一方，子どもはといえば，「気ままに動けば，大人がついてきてくれる」くらいにしか思っていないのである。

　もちろん，上靴をはくとか遊んだ遊具をしまうとか，手を添えれば，できることは少しずつ増えてくる。表情も和らぎ，支援員との関係も，子どもが嫌がることさえしなければ，とてもよく保たれている。

　だがしかし，ついていないと身の回りのことを自発的にすることはない。気にいらないときに起こすパニックも，相変わらずである。

　それでも，入園したときと比べれば，ずいぶん成長したということで，めでたしめでたしと卒園を迎える。

2．学校にあがって困るのは子ども

　誰にも悪意はないのだが，不幸にも「付き人支援」が続いてしまった場合，子どもは，学校にあがってからたいそう苦労することになる。

　入学式をすませ，周りの子どもたちは，1週間もすると「学校の仕組み」というものが分かってくる。1時間目から4時間目まで授業があって，決められた時間には，言われなくても教室に戻ってくることになっている。授業の時間中は，教室にいなくてはならない。学校には学校の掃除の仕方がある。どれも，目新しいことだらけで，4月はほとんどの子どもが，学校に行くだけで1日の力を使い果たしてしまう。

　ところで，発達障害のある子どもは，そういった「学校の仕組み」というものが，すぐにはのみこめない。その上，「付き人支援」を受けてきた子どもは，学校にあがっても，保育園や幼稚園の生活から切り替えができずにいる。はじめの2〜3日は緊張感もあって座っているが，1週間もすると再び，園でしてきたのと同じように振る舞いはじめてしまうのである。

　しかし，こんなとき，困惑しているのは子どもの方なのだ。園ではよかったのに，学校では，席を立つと「座りなさい」と注意される。そんな教室にいるのは息が詰まるので廊下に出てみると，妙に静まりかえっている。園とは，だいぶ勝手が違う。

　こうして居場所を失った子どもは，結局1年間を棒に振ってしまうのだ。

Ⅱ　学校にあがるまでにしておきたいこと

1．人とのかかわりの基盤を培う

まずは，何をおいても，人とのかかわりの基盤を培うことである。
スキンシップなどは，もちろん大切である。
しかし，発達障害のある子どもの場合，それだけではいけない。この子たちに教えたいのは，第4章で取り上げた，「要求」と「期待」である。

繰り返しになるが，はじめは「要求」について。適切な仕方で要求をすれば，保育者は誠実に応えてくれるということを，子どもには知らせたい。ことばでもカードでもいい。子どもが要求をしたら，その場で応えてあげられるような場面を設定し，適切に要求する練習を積むのだ。

一方の「期待」。こちらはまず，ことばやカードなどによって，保育者の期待していることを受け取ること。そして，期待にそって行動すれば，必ず保育者がいい思いをさせてくれるということを知らせたいのである。

「要求」をしたら，先生がすぐに応えてくれた。そして，「期待」に応えたら，先生がとてもやさしかった。こうした体験が地道に積み上げられることによって，人への信頼の基盤が培われるのである。

2．思春期を視野に入れて基本的な生活習慣を養う

1）着手は早めに

とりわけ生活習慣については，思春期を視野に入れ，子どもが大きくなって困らないような支援をしたい。

定型発達の子どもの場合，今はできていない生活習慣も，時期が来ればたいてい身につく。というのも，年齢を重ね，周りの人との違いに気づくことで，自ら行動を修正できるからだ。

しかし，発達障害のある子どもは，周囲から冷たい視線が注がれていても，なかなかそれを感じ取れない。体が大きくなって，シャツが出ていたりおしりが見えていたりしても，平気でいるのだ。

「周りの子どもも，まだできていない」と思わないでほしい。繰り返すが，発達障害のある子どもの生活習慣は，放っておいて身につくものではない。しかも，覚えるのに時間がかかる。それゆえ，指導には早めに着手したいのである。

2）「できてあたりまえ」をチェックする

次にあげるような「できてあたりまえ」なことが，言われなくてもひとりできているかどうか，もう一度チェックしてみてほしい。

食事
☐食事の前に手を洗う
☐「いただきます」を待つ
☐自分のお皿にあるものだけを食べる（他人のものを食べない）
☐箸やスプーンを使って食べる
☐おかわりがほしいときには知らせる
☐一定の時間内に食べ終わる
☐食べ終わったら，手順に沿ってかたづける

着脱・身だしなみ
☐ふだん着ている衣服の着脱が，決められた時間内にできる
☐着ていたものをたたむ
☐水着や給食着などの着脱ができる
☐衣服の乱れを直す
☐汚れたら着がえる

トイレ
☐ 尿意，便意を知らせる
☐ ズボンやパンツを脱がずに排泄ができる
☐ おしりがふける
☐ 男の子は，お尻を出さずにおしっこをする
☐ トイレに行くときは，近くにいる大人に知らせる
☐ 園以外の場所で排泄ができる
☐ 排泄後には手を洗う

身の回りのもののかたづけ
☐ 朝と帰りの支度を，決められたやり方で，決められた時間内にする
☐ 自分の持ち物を所定の場所にしまう
☐ 出したおもちゃや本をかたづける

人とのかかわり
☐ 必要な場所で，タイミングよくあいさつをする
☐ したいことがあるときには，ことばやカードで要求を伝える
☐ 困ったときには，保育者に伝える

3．生活には枠組みがあることを教える

　発達障害のある子どもたちに対する保育目標の一つは，手順表やスケジュール表があれば，指示をされなくても1人で行動できるようにすることである。
　そのためにはまず，それぞれの活動には，「いま何を，どれだけして，終わったらどうするか」という，いわば「活動の単位」があって，一つひとつの「活動の単位」には，それぞれ「意味」があるのだということ

を教える必要がある。いうまでもなく，それらを順に並べたものが，スケジュールである。

実際，こうした生活の「枠組み」ともいえるものを理解し，スケジュールに沿って行動する力を身につけて卒園した子は，学校にあがってからも適応は早い。「枠組み」をもっていれば，活動の中身を替えるだけでいいからだ。

反対に，「付き人支援」が続けられ，「枠組み」を学ぶ機会がなかった子どもは，小学校にあがって環境が変わった途端，何もできなくなってしまうのだ。

4．行動障害を回避する

発達障害のある子のなかには，かんしゃくが激しく，感情のコントロールが困難な子どもがいる。何も手だてを打たずにいると，小学校中学年くらいから，家庭内暴力を引き起こしたり，ひどいときには，いわゆる「強度行動障害」に発展したりすることがある。

情動をコントロールする練習は，ぜひとも就学前に開始しておきたい（第5章95ページ参照）。

練習のポイントは，なにはともあれ，かんしゃくを起こす出鼻をくじくことだった。かんしゃくが起きる前の状態を意識させ，そこで情動をコントロールさせるのだ。

一方，かんしゃくが起きないよう，未然に手を打つことも大切である。かんしゃくのもっとも大きな原因は，想定外の事態に直面し，シナリオを失うことにある。それゆえ，子どもに必要なのは，そういう場面でのシナリオを用意し，それにそって行動する練習をすることである。

Ⅲ 連携の実践

1．連携を実現させるために

1）まずは校・園長の理解から
　連携には，なにより管理職のリーダーシップが必須である。小規模校園であっても，組織と組織とのやりとりには違いない。個人的な動きでは限界がある。
　実際，管理職同士が，日頃から園と学校とを行き来しているところでは，まちがいなく連携がうまくいっている。

2）相互訪問が基本
　連携のキーワードは，「相互訪問」である。
　まずは，学校の教員に見に来てもらうように働きかけよう。園では問題のなさそうに見える子も，学校の教員から見ると心配な子がいる。反対に，園では気になっていても，学校の枠組みにコミットしてしまえば大丈夫だと思える子どももいる。
　一方，保育者が学校に出向く機会も作りたい。学校では子どもにどんなことが求められているのか，保育者は知る機会が少ない。
　ともあれ，園と学校の双方が，お互い，どのような風土で，どのような価値観に基づいて保育や教育をしているのかを知る努力をしてほしい。

2．連携の実際

　こうした点を踏まえながら，ここでは，二つの実践を紹介したい。一

つは,「半日入学」, 一つは,「ケース会とツールによる連携」である。

1）半日入学

入学式に一波乱, そんな話をよく耳にする。初日からつまずくと, 保護者も教員もくじけてしまう。

それを防ぐために, **写真8-1**の小学校では, 毎年, 3学期の半日を使って, 次年度に入学する子どもたちを学校に招いている。1時間目から4時間目まで, 学校生活のリハーサルをする「半日入学」である。

「半日入学」のねらいは, 二つある。

一つは, 子どもに,「学校の仕組み」を知らせること。もう一つは, 小学校の教員が, 子どものことを知ることである。

教室で朝の会が終わると, 1時間目は「図工」である。わざわざ, 図工室に移動する。ことばの指示で動けるか, おしゃべりをしないで廊下に並べるか。そして, 混乱したり戸惑ったりしている子がいないかなどを, つぶさに観察する。

写真8-1　半日入学
学校生活のリハーサルをするとともに, 小学校の教員が子どものことを知るために実施している。

写真8-2　図工の体験授業
図工室に移動し、絵を描く。

写真8-3　国語の体験授業
高学年の子どもに手伝ってもらいながら、文字の練習をする。

　図工室に着くと、画用紙が配られる。人の絵を描かせると、さまざまなことが見えてくる（写真8-2）。

　2時間目は「国語」の勉強である。再度教室に戻るときには、高学年の児童が迎えにくる。

　授業は、文字の練習である。説明がきけるか。前の席から配られたプリントを、後ろの子どもにまわせるか。お兄さんお姉さんに手伝ってもらいながら、どれだけ集中して学習に取り組めるか。そんなことを見ていくのだが、同じ場面を設定しても、子どもたちのようすは、毎年ずいぶん違う（写真8-3）。

　休み時間は、図書室、グラウンド、特別支援学級の遊びスペースなど、遊んでいい場所を指定して、自由に過ごさせる。高学年の子たちに遊んでもらい、とても楽しそうである。

　3、4時間目は、体育館に移動し、1年生と対面する。ドッジボールをしたり、プレゼントをもらったりと、賑やかな時間である。教室では見せなかった子どもたちの笑顔も、そこにはある。反対に、騒然とした広い場所ゆえ、思わぬトラブルもある。これだけの時間をかけると、子どもたちの動きはおおかた把握できる。

　子どもを帰すとすぐに、入学式の日に何を準備するか、そして、当面

の授業ではどんな工夫が必要かといったことが話し合われる。

2）ケース会とツールによる連携—引き継ぎケース会とその後の相互乗り入れ

連携の取り組みは，こうしたイベント的なものばかりでなく，日頃からの実践が大切である。その際のキーワードは，「ケース会とツール」である。

◎ケース会

連携を絶やさないようにするには，子どもの話をする「基地」である「ケース会」が必要だ。もちろんそれは，第7章で述べた「保護者を交えたケース会」である。

保育園や幼稚園の「ケース会」には，就学先の学校の教員を招く。そして，学校にあがってからは，必要に応じて，学校の「ケース会」に保育者が参加できるようにする。「保護者を交えたケース会」が，一貫して支援の「基地」になるような仕組みを作りたい。

最近は，就学指導にあたって，学校の教員が，保育園や幼稚園を訪ねることが増えてきた。そういう機会に保護者を呼んで，ちょっとした話し合いをしている園もある。

一方，ある小学校では，毎月の「教育相談委員会」に，校区内の保育園，幼稚園の保育者を招いている。卒園した子どもの情報を提供してもらうことは，学校の教員にはたいへんありがたい。また，保育者としても，就学した子どもたちが学校でどんな生活をしているのかを知ることによって，園の保育を点検するきっかけが得られる。

◎ツール

もう一つのキーワードは，支援ツールである。オーダーメイドマニュアルや個別の指導計画・教育支援計画などの支援ツールは，そっくり小学校に継承したい。持続可能な支援には，支援ツールが不可欠である。

3．地域連携――中学校区の支援

1）中学校区で

　保幼－小連携を定着させるためには，園と小学校だけでなく，地域全体を巻き込んでいく必要がある。一般的には，中学校校区を単位とした連携を進めることが望まれる。

　中学校校区での連携を推進するためには，すでに地域で機能している生徒指導，人権教育といった連携ネットワークを上手に活用するといいだろう。新たに，「発達障害」とか「特別支援教育」といった枠組みで組織を立ち上げようとしても，現実的には，なかなか難しい場合があるからだ。

2）保護者が安心して子どもを預けられる地域に

　最近は，学区の弾力化が進んでいることも手伝って，就学を迎える子どもをもつ保護者が，2年も3年も前から「学校選び」に奔走している姿を目にする。あまりいいことではないと思う。

　保護者がそんなことをしなくてもすむような，地域支援のネットワーク作りを急がなくてはいけない。小学校への就学はもちろん，中学校，そしてその先と，わが子を大事にしてくれる場があるかどうか，保護者の不安は絶えることがない。この土地に住んでいる限り，小さい頃のわが子を知っている人がいて，その後を引き受けてくれる人がいる。そんな実感を保護者がもてるような，地域のネットワークをつくりたい。

著者紹介
佐藤　曉（さとう　さとる）
1959年，埼玉県に生まれる。
筑波大学第二学群人間学類卒業，同大学院教育研究科修了。
現在，岡山大学大学院教育学研究科教授。全国の保育園，幼稚園，学校を訪問し，実践の手だてを提案している。

小西淳子（こにし　じゅんこ）
岡山県に生まれる。
岡山県立短期大学保育科，佛教大学社会福祉学科卒業。
現在，岡山市平井保育園　保育士。

発達障害のある子の保育の手だて

ISBN978-4-7533-0704-3

著者
佐藤曉・小西淳子

第1刷　2007年6月26日
第5刷　2016年1月15日

印刷　新協印刷㈱／製本　㈱若林製本工場
発行所　㈱岩崎学術出版社　〒112-0005　東京都文京区水道1-9-2
発行者　村上　学
電話　03-5805-6623　FAX　03-3816-5123
2007ⓒ　岩崎学術出版社
乱丁・落丁本はおとりかえいたします。検印省略

実践満載 発達に課題のある子の保育の手だて 佐藤曉著	発達障害のある子は園での支援が必要である。その子の困り感を軽減できる保育の手だての具体的方法を分かりやすく解説した。　A5変形 120頁 本体1,800円
ライブ講義 発達障害の診断と支援 内山登紀夫著	正確な診断をそれぞれの患者に合った支援に結びつけるための入門書。当事者の言動から支援の方法を考える際に有効な基本概念も解説。　A5判並製 208頁 本体2,500円
必携 児童精神医学 はじめて学ぶ子どものこころの診療ハンドブック R・グッドマン，S・スコット著 氏家武，原田謙，吉田敬子監訳	臨床経験と最新の科学的研究からの知見がみごとに融合し，臨床実践へのヒントと示唆に富む，児童精神医学の新しいスタンダード。　B5判 336頁 本体5,000円
現代の子どもと強迫性障害 中根晃監修／広沢正孝，広沢郁子編著	強迫性障害がなぜ児童期や思春期早期に発症したのか，環境因についての考察を加え，また発達論，強迫スペクトラムの視点から病態を読み解く。　A5判 248頁 本体4,000円
認知行動療法による子どもの強迫性障害治療プログラム J・S・マーチ，K・ミュール著 原井宏明，岡嶋美代訳	プログラムを段階に分けてわかりやすく解説。巻末には質問紙等もあり治療者，そして患者や家族にとっても役立つ基本図書。　A5判 352頁 本体3,600円
新版 子どもの治療相談面接 D.W.ウィニコット著 橋本雅雄，大矢泰士監訳	神経症からスキゾイド，反社会的傾向まで多彩な21の症例を取り扱うウィニコットの治療技法と臨床感覚が，臨場感豊かに再現される。　A5判並製 400頁 本体4,800円
自閉症の親として アスペルガー症候群と重度自閉症の子育てのレッスン A・パーマー他著 梅永雄二訳	きょうだいとの関係，専門家との関係，子どもの人権の守り方，親自身のケア等，辿ってきた道から見えたことを，同じ立場の親，支援者，専門家に向けて伝える。A5判並製 216頁 本体2,200円

この本体価格に消費税が加算されます。定価は変わることがあります。